Burgen und Schlösser in Südtirol

Helga Graziadei

Die schönsten

Burgen und Schlösser in Südtirol

Mit Wander- und Einkehrvorschlägen

Südwest

Impressum

Abbildung auf Seite 2:
Blick aus einem Fenster der Ruine
Neuhaus in Richtung Süden.

Umschlag-Rückseite: Reifenstein
(Foto: Höhne)

Sämtliche übrigen Aufnahmen:
Tappeiner AG, Lana

Genehmigungsnummern
der Luftaufnahmen: SMA 507, 423,
413, 394, 148

Umschlag: Manuela Hutschenreiter

Kartografie: Studio für Landkarten-
technik Norderstedt – Abdruck
mit freundlicher Genehmigung des
Landesverkehrsamtes Südtirol

Lizenzausgabe und Alleinauslieferung
für Deutschland, Österreich und die
Schweiz:
Südwest Verlag GmbH & Co. KG,
München

Gedruckt auf chlor- und säurearmem
Papier

Gesamtherstellung:
Tappeiner AG, Lana (BZ)
Printed in Italy
ISBN 3-517-07600-7

Inhalt

Die Südtiroler Burgen

Eine Einführung

Dieses Buch soll ein kleiner Begleiter sein auf einer Wanderung durch das Land Südtirol und seine Geschichte, insbesondere durch die Epoche des Mittelalters mit den zahlreichen Burgenbauten der hier lebenden Adelsgeschlechter.

Seit der Gründung des römisch-deutschen Kaiserreiches im Jahr 800 ziehen die verschiedenen deutschen Kaiser zumeist über den Brenner nach Rom zur Krönung. Das Gebiet an der Etsch gewinnt dadurch an Bedeutung und soll nicht den weltlichen Interessen einzelner, lokaler Machthaber überlassen werden. 1004 und 1027 belehnen daher die Oberhäupter des deutschen Kaiserreiches den

Herbst im Burggrafenamt: bei Schloß Lebenberg.

Wehrhaftigkeit im Detail: Schieß-scharten.

Bischof von Trient mit Trient, der Grafschaft Bozen und dem Vinschgau und den Bischof von Brixen mit der Grafschaft Norital (Eisack- und Inntal) und Pustertal. Das Amt der Bischöfe als Reichs- und Territorialherren ist mit beträchtlichen finanziellen Einnahmen, wie Zoll, Marktrecht, Gerichtsbarkeit, Steuern, Münze und Bergbau verbunden.

Aufgrund der Unvereinbarkeit weltlicher und geistlicher Herrschaft übergeben die Bischöfe die Grafengewalt und die Vogtei an welt-liche Fürsten, die schon bald wieder zu den eigentlichen Machtha-

Die Trostburg von Nordosten im Morgenlicht.

bern werden. Mitte des 12. Jahrhunderts tun sich besonders drei Adelsgeschlechter hervor:

– die Grafen von Morit-Greifenstein mit der Grafschaft von Bozen und der Vogtei im Bistum Brixen
– die Grafen von Eppan mit der Grafschaft Eppan
– die Grafen von Tirol als Trienter Grafschaftsverwalter.

Nach dem Aussterben der Grafen von Morit-Greifenstein im Jahr 1165 übernehmen die Grafen von Tirol die Grafschaft Bozen und die Vogtei vom Bistum Brixen.

Im 13. Jahrhundert kommt nach dem Aussterben der Andechser die Vogtei über das Bistum Brixen dazu, und 1248 belehnt der letzte Sproß der Eppaner, Bischof von Trient, Tirol mit der Grafschaft Eppan.

Das Gebiet der Tiroler hat damit die Ausmaße des späteren Landes Tirol erreicht. Die Grafen bauen ihre Zentralgewalt aus und festigen sie in der »Gefürsteten Grafschaft Tirol«. 1363 übergibt die Landesfürstin Margarethe Maultasch das Land an die Habsburger, in deren Händen es bis 1918 verbleiben soll.

Die zahlreichen Burgen in allen Landesteilen entstehen mit der zunehmenden Bedeutung einzelner Familien, die für ihre Dienste mit verschiedenen Lehen und den damit verbundenen Ämtern belohnt werden. Familiendynastien entwickeln sich, bauen ihre Grundherrschaft aus und errichten sich als neue Herren ihre Burgen in räumlicher Abtrennung vom Gemeindegebiet auf Anhöhen, was auch die Schutzfunktion vor rivalisierenden Feudalherren erhöht. Zu den bereits genannten großen Adelsgeschlechtern kommen die edelfreien Geschlechter Taufers, Burgeis-Wangen, Enn und Matsch. Die meisten Burgen werden freilich erst im 13. Jahrhundert von den höheren Dienstleuten, den Ministerialen, gebaut.

Die frühen Burgen weisen einen stark wehrhaften Charakter auf, bestehen meist nur aus Bergfried und Wohntrakt. Nur besonders mächtige Herren gönnen sich Freskendekorationen außerhalb der Burgkapelle.

Um 1500 werden die Burgen meist noch einmal in ihrer Wehrhaftigkeit mit Zwingeranlagen, Bastionen und Eckrondellen verstärkt, um den neuen Waffen standzuhalten.

Im Lauf des 16. Jahrhunderts erfolgt der Umbau zu mehr Komfort und Behaglichkeit; Kachelöfen, mehr Licht durch größere Fenster sowie Arkadenhöfe werden zum sichtbaren Ausdruck dieses neuen Wohngefühls. Diese Tendenz verstärkt sich in den folgenden Jahrhunderten und macht aus den ehemals trutzigen Burgen, sofern sie nicht zugunsten bequemer Stadthäuser aufgelassen werden,

Urweg bei Kastelbell.

Barockes Wohnambiente in der Ehrenburg: der Festsaal.

schmuckvolle Residenzen. Im anderen Fall freilich setzt der langsame Verfall zur Ruine ein.

Die 44 Burgen dieses Buches führen uns in alle Teile des Landes, in die Städte, auf kleine Dörfer, in die Haupttäler und Seitentäler, in dichte Wälder, auf sonnige Hochplateaus, kurz, wir machen einen Ausflug durch die vielschichtige und einmalige Landschaft Südtirols.

Die jeweilige Burg ist Ziel oder Ausgangspunkt einer Wanderung, die uns die Möglichkeit bietet, neben historischen Gemäuern die Schönheit der Landschaft intensiv wahrzunehmen. Die Burg selbst, Ruine oder ausgebautes Renaissanceschloß, birgt stets etwas Geheimnisvolles und Abenteuerliches, dem sich auch der aufgeklärte Mensch der Neuzeit nur schwer entziehen kann. Geschichten und Legenden um Burgfräulein und Folterkammer lassen uns das Mittelalter lebendig miterleben.

Zu den vielfältigen Wander- und Besichtigungsvorschlägen im ganzen Land gehören auch einige nützliche Hinweise, die eine weitere angenehme Seite des Lebens erfassen: das Essen und Trinken! Typische Gastbetriebe oder Jausenstationen mit charakteristischen Speisen werden vorgestellt, das Wander- und Kunsterlebnis zu einem kulinarischen Abschluß gebracht.

11

Die Zenoburg in Meran oberhalb der Gilf.

Vinschgau

Schloß Kastelbell, von Westen
gesehen.

Fürstenburg *i*

Lage: am Südrand von Burgeis.
Erreichbarkeit: kurzer Spaziergang von Burgeis aus, kann auch mit dem Auto erreicht werden.
Öffnungszeiten: keine Führungen.
Das Besondere: mächtiger, viereckiger Bergfried.
Wenn noch Zeit bleibt: Einkehr im Dorf im Gasthof zum Mohren.

1 Fürstenburg

Bischöfliche Machtdemonstration

Was uns erwartet: Die Fürstenburg kann mit dem Auto erreicht werden, lohnender ist es jedoch, sie zum Ziel eines 2- bis 2½stündigen Ausfluges über die Malser Haide zu machen. Man startet in Mals und wandert durch das Grün der Wiesen, vorbei an Feldern und vom berüchtigten Vinschgerwind geformten Bäumen nach Burgeis und weiter zur Fürstenburg. Die Anlage mit ihrem beherrschenden viereckigen Bergfried ist gut erhalten und präsentiert sich äußerst wuchtig und wehrhaft. In den düsteren Gemäuern ist eine Schule untergebracht – wer weiß, wie es sich hier lernt …

Aus der Geschichte: Die Fürstenburg wird um 1275 vom Churer Bischof Konrad nach seiner Vertreibung aus der Churburg als Zeichen seiner verbliebenen Macht gebaut.

Die ursprüngliche Anlage ist kleiner; erst im 16. Jahrhundert finden Ausbauarbeiten statt, die vor allem dazu dienen, die Wehrhaf-

Bemalter Erker im Innenhof der Fürstenburg.

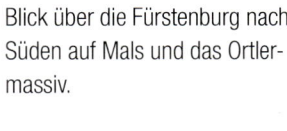

Blick über die Fürstenburg nach Süden auf Mals und das Ortlermassiv.

tigkeit der Burg zu steigern, ist doch der natürliche Schutz in der ausgesetzten Lage auf dem kleinen Hügel sehr gering.

Tatsächlich wird die Fürstenburg des öfteren belagert, überfallen und erobert. Es existiert sogar ein auf das 16. Jahrhundert zurückgehender unterirdischer Gang, der im Belagerungsfall zur Wasserversorgung an das Etschufer führt.

Seit 1884 ist die Burg im Besitz des Stiftes Marienberg, das sie vermietet.

Kunsthistorische Notizen: Im 16. Jahrhundert werden nicht nur Vergrößerungen an der Burg vorgenommen, man versucht sie auch ansehnlicher zu gestalten. So entstehen Fresken zwischen den Fenstern, die antike Helden oder Wappen zeigen. Die Wandmalereien in der Schloßkapelle stammen aus dem frühen 17. Jahrhundert.

Was ebenfalls einen Besuch lohnt: Bevor man die Wanderung in Mals aufnimmt, sollte man unbedingt einen Abstecher zur Kapelle des hl. Benedikt in Mals machen. Der Bau stammt aus der Zeit Karls des Großen und enthält Fresken aus dem 9. Jahrhundert. Europaweit einzigartig ist die Darstellung eines fränkischer Grundherren, der selbstbewußt mit beiden Händen sein Schwert hält.

Einkehrtip

Gasthof Mohren,
Burgeis
☎ (04 73) 83 12 23
Ruhetag: Dienstag, Mittwoch
Mittag.
Öffnungszeiten: Mitte Novem-
ber bis Ende Januar; Mitte Mai
bis Mitte November.
Gastronomie: gepflegte inter-
nationale Küche.

Die Fürstenburg mit dem Kloster
Marienberg im Hintergrund.

Kloster Marienberg

Lage: auf 1335 m, oberhalb von Burgeis.

Erreichbarkeit: mit dem Auto 55 km von Meran, zu Fuß von Burgeis in einer halbstündigen Wanderung.

Öffnungszeiten/Führungen in der Krypta: von 15. Juni bis 14. September jeweils um 10, 11, 16.30 Uhr, im Winter um 10.45 und 15 Uhr. Samstag nachmittag, sonntags und feiertags keine Führungen.

Das Besondere: die klösterliche Ruhe.

Wenn noch Zeit bleibt: mit dem Auto nach Taufers im Münstertal fahren und das Pilgerhospiz St. Johann besichtigen.

2 Kloster Marienberg

Höchstgelegene Abtei des Benediktinerordens

<u>Was uns erwartet:</u> Von weitem sichtbar thront der mächtige barocke Bau des Klosters Marienberg über dem Obervinschgau. Meterdicke Mauern in strahlendem Weiß beherrschen das Landschaftsbild. Kein anderes Bauwerk im Vinschgau hebt sich so auffallend von seiner Umgebung ab. Auf 1335 Metern Höhe ist es das höchstgelegene Kloster des Benediktinerordens. Hoch über dem geschäftigen Treiben der modernen Welt, klingt nur manchmal und nur mehr gedämpft der Lärm der Autokolonnen aus der Talsohle herauf. Der Besucher erlebt die einzigartige kontemplative Stille innerhalb der Abgeschiedenheit der Klostermauern. Das Leben richtet sich hier noch nach den alten Regeln des Ordens: Morgengebet, Schweigen im Kreuzgang, Morgengesang im Chor, Schweigen bis zum Frühstück, Arbeiten im Garten, in der Backstube, auf dem Feld, im Stall oder – zeitgemäß – Führungen in der Krypta.

Neben dem Motto »ora et labora« zählt auch das Maßhalten noch immer zu den wichtigen Regeln des Ordens, eine Lebenseinstellung, die in unserer Zeit fast gänzlich verloren gegangen scheint.

Marienberg ist nicht nur eine Stätte des Glaubens, sondern auch der Wissenschaft und der Kunst. Es besitzt eine wertvolle, im Lauf der Geschichte zahlreiche Male geplünderte Bibliothek und führte lange Zeit eine Klosterschule, die talentierten Vinschger-Sprößlingen eine Ausbildung ermöglichte.

Wer das Kloster zu Fuß erreichen möchte, tut dies von Burgeis aus in einer halbstündigen, eher steilen Wanderung, ansonsten führt eine Straße bis an die Klostermauern.

<u>Aus der Geschichte:</u> Gegründet wird das Kloster 1149/50 von Ulrich von Tarasp; die ersten Mönche kommen aus dem schwäbischen Kloster Ottobeuren, die weltlichen Vögte sind die Grafen von Matsch, die Weihe der Klosterkirche erfolgt 1156.

Die Geschichte des Klosters verläuft zuweilen recht abenteuerlich. So wird 1304 der Abt vom Matscher Grafen infolge von Besitzstreitigkeiten gar enthauptet, 1348 wütet die Pest und verringert die Zahl der Mönchsbrüder. In Mitleidenschaft gezogen wird Marienberg auch durch die Bauernkriege und die Religionswirren. Das Kloster wird zum religiösen deutschsprachigen Zentrum in dem rätoromanischen Umfeld, in dem zur Reformationszeit der Calvinismus auf romanisch gepredigt wird.

Patres unter sich: im Kloster Marienberg.

Kunsthistorische Notizen: Hinter der barocken Fassade von 1640 finden sich sehenswerte Kostbarkeiten aus der romanischen Gründerzeit. Bedeutend sind die Fresken in der Krypta, die wahrscheinlich um 1160 entstanden sind. Die kraftvollen Farben und die elegante Linienführung verleihen dem niederen Raum ein sphärische Leichtigkeit. Im Zentrum, als Herrscher und Richter, Christus in der Mandorla umgeben von Petrus und Paulus und schwebenden Engeln, daneben zwei Bischöfe als Vertreter der irdischen Kirche. Die Figuren mit ihren großen Augen wenden sich direkt an den Beschauer, beobachten ihn aufmerksam.

In der Krypta wird ein 900 Jahre altes Meßkleid, handgefertigt und gestiftet von Uta von Tarasp, ausgestellt: Leinen aus dem Orient mit Seidenstickerei darüber.

Ein weiteres Kleinod aus der romanischen Zeit ist das Portal der Stiftskirche.

Was ebenfalls einen Besuch lohnt: Auf dem Rückweg auf der Fahrstraße nach Burgeis kann man einen Abstecher nach St. Stefan machen, eine der ältesten Pfarren der Gegend.

Südlich von Burgeis empfiehlt sich natürlich ein Besuch der Fürstenburg.

Einkehrmöglichkeiten bieten sich in Burgeis.

Einkehrtip

Gasthof Gerstl
Prämajur
☎ (04 73) 83 14 16
Ruhetag: Donnerstag.
Öffnungszeiten: ganzjährig bis auf zwei Wochen im Frühjahr geöffnet.
Gastronomie: Südtiroler Küche.
Platzangebot: ca. 80 Plätze, auf der Terrasse weitere Sitzplätze.

i

Rotund und Reichenberg

Lage: nordöstlich am Berghang von Taufers auf 1520 m.
Erreichbarkeit: Rundweg von der Tauferer Pfarrkirche entlang der Markierung 8, 6, 28, 6A, 8. Höhenunterschied 300 m, 2 Std.
Das Besondere: einmaliger Kontrast der Burgruinen zur Gletscherwelt des Obervinschgaus.
Wenn noch Zeit bleibt: Ausflug und Besichtigung zum nahegelegenen Johanniterhospiz in St. Johann in Taufers.

Rotund gegen Westen.

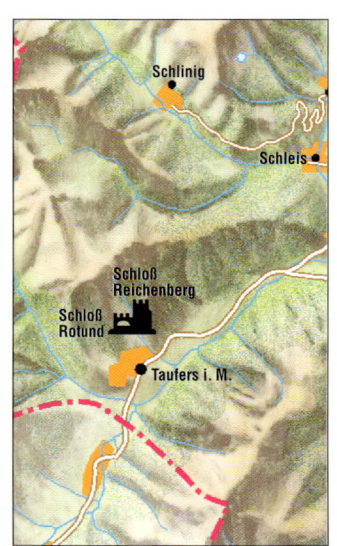

3   Rotund und Reichenberg

Ruinen unter Gletschern

<u>**Was uns erwartet:**</u> Vor hochalpiner Kulisse erheben sich die Burgruinen Rotund und Reichenberg. Die noch erhaltenen, hochaufragenden Rundtürme beider Ruinen prägen das ohnedies schon charakteristische Landschaftsbild eindrucksvoll.
Rotund und Reichenberg, beide nordöstlich von Taufers am Berghang gelegen, sind Verteidigungs- und Festungsbauten.

Wir erreichen die Burgruinen ausgehend von der Tauferer Pfarrkirche in einer zweistündigen, teils etwas steilen Rundwanderung durch Wiesen, Felder und lichtdurchfluteten Lärchenwald.
Von Rotund, auf 1520 Meter gelegen, existieren noch Torzwinger mit großem Rondell, runder Bergfried, Kapelle und Teile von Palas und Ringmauer. Das tiefer gelegene Reichenberg besteht nur aus dem runden Bergfried auf quadratischem Fundament und Teilstücken von Ringmauer und Palas.

22

Einkehrtip

Gasthof Chavalatsch
Taufers im Münstertal
☎ (0473) 832175
Ruhetag: Donnerstag.
Öffnungszeiten: Ende Dezember
bis Anfang November.
Gastronomie: Südtiroler Küche.
Platzangebot: ca. 90 Sitzplätze.

Aus der Geschichte: Rotund und Reichenberg sind Sitz der im 12. Jahrhundert erwähnten Herren von Rotund bzw. Reichenberg, beide Ministerialen des Bistums Chur.

Rotund wird 1382 an die tirolischen Landesfürsten verkauft und wird Lehen der Herren vom Schlandersberg.

1555 gelangt der Besitz in die Hände der Grafen Hendl, seit Mitte des 17. Jahrhunderts ist die Burg verlassen und verfällt. Das Mauerwerk wurde in jüngster Vergangenheit saniert.

Reichenberg wird 1373 an die Vögte von Matsch verkauft und geht 1559 an Reinprecht Hendl über. Anfang des 18. Jahrhunderts wird die Burg verlassen und ebenfalls dem Verfall preisgegeben.

Blick auf das Hospiz St. Johann in Taufers und auf die darüberliegenden Ruinen von Rotund und Reichenberg

Kunsthistorische Notizen: Ein bedeutendes Zeugnis romanischer Kunst stellt die Kirche des Johanniterhospizes St. Johann am Eingang von Taufers dar. Die ursprüngliche Kreuzform des Grundrisses erinnert an byzantinische Kreuzkuppelkirchen und ist einmalig in Südtirol. Sehenswert sind auch die Fresken aus der Spätromanik, die durch Ausdruck und Lebendigkeit hervorstechen.

Den Schlüssel zur Besichtigung erhält man gleich neben der Kirche im Haus Nr. 6.

4 Lichtenberg

Alle Pracht ist vergangen

Was uns erwartet: Eine beschauliche Wanderung führt vom Ortszentrum von Prad durch schattige Wälder zur eindrucksvollen Ruine Lichtenberg. Trotz fortgeschrittenen Verfalls zeigt sich noch die einstige Größe und Eleganz. Lichtenberg ist kein wuchtiger Wehrbau, wie wir ihn häufig im Vinschgau vorfinden, sondern eine lockere, prunkvolle Residenzanlage. So waren sämtliche Mauern mit weißem Kalkmörtel verputzt. Nahe der Burgauffahrt lädt eine Sitzgruppe an einer Quelle mit frischem Wasser ein, sich niederzulassen, den Ausblick in den Vinschgau zu genießen und die Gedanken treiben zu lassen …

Die Burganlage ist weitläufig und besteht neben Wirtschaftsbauten und Wohntrakt aus einem Zwinger mit Tor und Rondell, das die Wappen Kaiser Maximilians trägt. Im Wohntrakt befanden sich die bekannten Wandmalereien, die 1908 ins Innsbrucker Landesmuseum Ferdinandeum gebracht wurden. Trotzdem lohnt es, die Burganlage zu besichtigen und sich dem Flair mittelalterlichen Lebens hinzugeben.

Aus der Geschichte: Der Name Lichtenberg hatte sich für die Ortschaft schon durchgesetzt, bevor die ehemaligen Churer Ministerialen von Ramüs sich Mitte des 13. Jahrhunderts so benennen.

1259 gelangt die Burg in den Besitz der Grafen von Tirol und wird ein weiterer Beleg der Macht und Größe der Tiroler Grafen gegen die Churer Fürstbischöfe. Von 1462 bis 1513 ist Lichtenberg in den Händen der Herren von Spaur, seit 1513 Lehen und später Eigentum der Grafen Khuen-Belasi.

Kunsthistorische Notizen: Von den abgelösten wertvollen Wandmalereien, die aus der Zeit um 1400 stammen, sind nur noch geringe Spuren in der Ruine erhalten. Der großangelegte Zyklus gab Einblick in mittelalterliches Leben und Wirtschaften.

Interessant und auch für heutige Begriffe freizügig ist die Darstellung vier nackter Frauen, die von einem mit phallischen Obst beladenen Baum Penisfrüchte dreschen und sie in offensichtlicher Konkurrenz in ihren Körben sammeln.

Eine andere Bilderfolge zeigt detailliert mittelalterliche Mode in manieristisch anmutender Form.

Die Darstellung der Laurinsage hingegen versucht noch einmal eine Gesellschafts- und Wertordnung festzuhalten, die es in der

Ruine Lichtenberg.

Form nicht mehr gab – eine im Mittelalter durchaus übliche Er-
scheinung, die uns ja von der Ritterdichtung bekannt ist, wo eine
ideale Welt dargestellt wird, die der Realität des Ritterdaseins
nicht entspricht.

An den Wänden des Rittersaals sind die Konturen der abgelösten
Fresken zu erkennen. Keine Farbenpracht zwar wie im Original in
Innsbruck, aber von eigenwilliger, zur Ruine passender Atmosphäre: blasse Umrisse, die zwischen eingestürzten Decken, Dächern
und leeren Fensterhöhlen an einstigen Prunk und Wohlstand erinnern und an die Vergänglichkeit des Irdischen gemahnen.

Was ebenfalls einen Besuch lohnt: Von der Ruine Lichtenberg wandert
man zum Kirchlein St. Christina und von da wieder zurück ins
Ortszentrum, wo der Besuch der Pfarrkirche der Hl. Dreifaltigkeit
lohnt. Sie wird 1313 erstmals erwähnt, scheint aber in ihren Ursprüngen älter zu sein.

Einkehrtip

Gasthof Grüner Baum
Glurns
☎ (0473) 831206
Ruhetag: Donnerstag.
Öffnungszeiten: November und
März geschlossen.
Gastronomie: bürgerliche
Küche.
Platzangebot: ca. 80 Sitzplätze.

25

i

Churburg

Lage: am Sonnenberg direkt über Schluderns.

Erreichbarkeit: Zufahrt mit dem Auto.

Öffnungszeiten und Führungen: von 20. März bis 1. November von 10 bis 12 und von 14 bis 16.30 Uhr, Montag Ruhetag.

Das Besondere: größte private, im Original erhaltene Waffenkammer.

Wenn noch Zeit bleibt: Ausflug in das Matscher Tal zu den Ruinen Ober- und Untermatsch.

5 Churburg

Tradition, erfüllt mit Leben

Was uns erwartet: Erhaben, aber doch auch freundlich, blickt die Churburg von ihrer sonnigen Anhöhe auf das kleine Dorf Schluderns. Die hellen Mauern zeugen von der Eleganz und der verspielten Schönheit, die sich dem erwartungsfrohen Besucher im Inneren der Anlage bieten.

Neben einer romanischen Kapelle finden sich Kleinode aus der Renaissance-Zeit, wie prachtvoll getäfelte Zimmer und ein dreigeschossiger Loggienhof mit freskengeschmücktem Arkadengang und eine bestens ausgestattete Rüstkammer. 50 Rüstungen, alle aus Familien- oder Burgbesitz! Hier findet sich neben einer Übungsrüstung für Kinder der Riesenharnisch Ulrichs IX. mit einer Höhe von über zwei Metern und einem Gewicht von 45 kg, oder – überaus sehenswert – ein Trecentoharnisch des bekannten Plattners Petrajolo da Missaglia.

Waffen sind kaum zu bewundern, da die Grafen Trapp sie in den Franzosenkriegen an das Volk zur Verteidigung verteilt hatten.

Eine durchaus komfortable Residenz ist die Churburg also, die zu Ferienzeiten von ihren Besitzern, den Grafen Trapp, auch gerne benutzt wird.

Aus der Geschichte: Die Churburg, 1259 erstmals urkundlich erwähnt, dient wie viele andere Anlagen im Oberen Vinschgau als Bollwerk der Churer Bischöfe gegen weltliche Grafen, in diesem Fall gegen die Vögte von Matsch. Schon bald steht der Stärkere

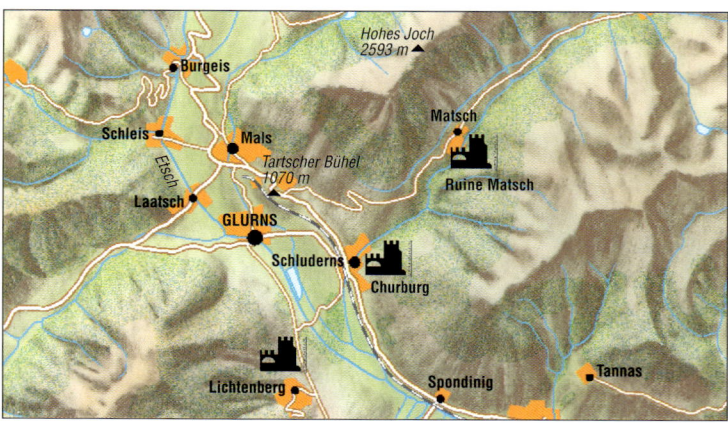

Der Arkadenhof der Churburg.

fest, und die Burg ist in den Händen der als streitsüchtig bekannten Matscher. Nach deren Aussterben geht sie 1504 in den Besitz der Grafen Trapp, die sie zum Renaissanceschloß in seiner heutigen Form ausbauen.

Kunsthistorische Notizen: Sehenswert für den Renaissance-Liebhaber ist zweifelsohne der mittlere Arkadengang mit seinen eleganten Säulen aus Göflaner Marmor, die sich alle voneinander unterscheiden. Über das Gewölbe zieht sich eine gemalte Laube aus Blättern und Früchten, die den Stammbaum der Matscher und derer von Trapp malerisch auflisten. An den Wänden klassische Tierfabeln, Früchte und allerlei lateinische Weisheiten. Von hier gelangt man auch in das Jakobszimmer mit seiner kunstvollen Täfelung und Kassettendecke, ebenfalls aus der Renaissancezeit.

Älteren Ursprungs ist die St.-Nikolaus-Kapelle (1334), in der sich eine spätromanische Madonnenplastik mit Kind (1270) befindet.

Was ebenfalls einen Besuch lohnt: Da die Churburg am besten mit dem Auto zu erreichen ist, bietet sich eine Wanderung ins Matscher Tal an. Direkt hinter der Churburg beginnt ein alter Weg durch schattige Wälder – teilweise dem Waal entlang – zum Vernal-Hof und weiter zu den Ruinen Ober- und Untermatsch, einstige Machtzentren des gleichnamigen Adelsgeschlechts (Wegdauer hin und zurück: 2½ Std.

Einkehrtip

Zur alten Mühle
Schluderns
☎ (04 73) 61 52 38
Ruhetag: Mittwoch.
Öffnungszeiten: ganzjährig geöffnet bis auf November.
Gastronomie: einheimische Küche; besonders empfehlenswert sind die Wildgerichte.
Platzangebot: ca. 80 Sitzplätze.

Die wehrhafte Anlage der Churburg, von Nordwesten gesehen.

Schloß Goldrain

Lage: am Fuß des Sonnenberges neben dem gleichnamigen Dorf.
Erreichbarkeit: kann direkt mit dem Auto angefahren werden.
Öffnungszeiten: Schloß Goldrain kann nicht besichtigt werden.
Das Besondere: keine Wehrburg, vielmehr ein verspieltes Residenzschlößchen.
Wenn noch Zeit bleibt: unbedingt einen Ausflug zum nahen Schloß Annaberg machen.

6 Goldrain

Von der Ritterresidenz zum repräsentativen Bildungszentrum

Das verspielt wirkende Schloß Goldrain – heute Bildungs- und Kulturzentrum –, umgeben von Obstwiesen und Weingärten.

Was uns erwartet: Am Fuß des Sonnenberges nahe dem gleichnamigen Dorf liegt Schloß Goldrain. Nicht nur durch seine Lage im Talgrund unterscheidet es sich so völlig von den übrigen Burgen im Vinschgau. Kaum etwas erinnert an die zweckgebundenen Festungs- und Verteidigungsanlagen in luftigen Höhen. Die viereckigen Ringmauern mit ihren vier gleichmäßigen Eckroncellen wirken verspielt, Schießscharten und Wehrgang werden durch ein Marmorportal ersetzt und verkörpern in erster Linie ritterliches Standesbewußtsein.

Im Inneren der Anlage liegt der rechteckige Wohntrakt mit Innenhof und, besonders sehenswert, die Loggiengalerie mit ihren Renaissancearkaden.

Aus der Geschichte: Das heutige Schloß nimmt seinen Ursprung im 14. Jahrhundert im Wohnturm der Herren Scheck von Goldrain. Der romanische Turm mit seinen zwei Meter dicken Mauern wird 300 Jahre später Anfang des 16. Jahrhunderts von den Grafen Hendl in den Nordtrakt der Schloßanlage eingebaut.

Ende des Jahrhunderts entstehen der Südtrakt und die Kapelle; Ringmauern und Eckrondelle gehen auf das 17. Jahrhundert zurück. Als 1861 die Grafen Hendl, Schloßherren seit 1475, aussterben, wird der Besitz von der Gemeinde erworben, aber jahrelang vernachlässigt.

Erst in jüngster Vergangenheit fanden umfassende Restaurierungsarbeiten statt und gaben dem Schloß seinen ursprünglichen Charakter zurück.

Kunsthistorische Notizen: Prunkvoll und zugleich auch zierlich zeigt sich das Schloß in seinen Details. Seien es die Steintreppen aus weißem Marmor und dunklem Gneis, die Loggiengalerie oder die verschiedenen Renaissancedecken und -täfelungen, die bereits erwähnten Marmorportale oder die Wappensteine, überall zeigt sich Wohlstand und ritterliches Selbstbewußtsein. Wer hier wohnt, weiß sich von seiner bäuerlichen Umgebung abzugrenzen.

Was ebenfalls einen Besuch lohnt: Wer die Natur liebt und sportlich ist, wandert den Sonnenberg hinauf zum nahen Schloß Annaberg. Der Anblick der malerischen Burganlage samt ihrer freistehenden Kapelle entschädigt allemal für die Mühen des Aufstiegs.

Wer noch mehr unternehmen möchte, wandert der Sonnenberg hinauf nach St. Martin am Kofel, wo man nach einer gemütlichen Einkehr für den Rückweg die Seilbahn nach Latsch benutzen kann. Da der Aufstieg sehr mühevoll und der Weg der Sonne ausgesetzt ist, empfiehlt sich aber der umgekehrte Weg. Die Gehzeit beträgt dann 4 bis 5 Stunden.

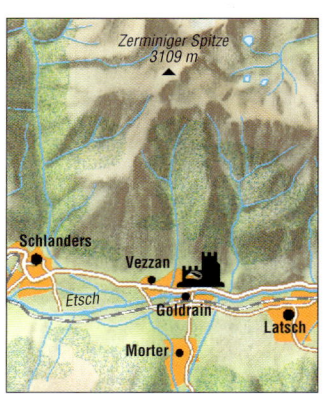

i Obermontani

Obermontani

Lage: Die Burg erhebt sich auf einem Moränenrücken.

Erreichbarkeit: von Morter in einer Kurzwanderung von ¼ Std., von Latsch der Markierung 5 nach durch die Obstanlagen, dann den Hinweisschildern folgend auf einem Steig zuerst nach Unter-, dann nach Obermontani. Gehzeit: 1½ Std., Rückweg über den Montanigerhof (Falknerei) auf der Flurstraße nach Latsch.

Öffnungszeiten: Der Schlüssel zur Kapelle ist hinter der Wegkurve vor dem Schloß im ersten Haus links erhältlich.

Das Besondere: Wandmalereien lombardischer und schwäbischer Meister, in einem Raum vereint.

Wenn noch Zeit bleibt: vom Latscher Hof aus zunächst durch Obstwiesen, dann über den Neuwaalweg und den Weg Nr. 5 durch den Wald zum Bierkeller, einer Jausenstation mit Stimmungsmusik; Montag Ruhetag.

7 Obermontani

Fundort einer Nibelungenlied-Handschrift

Was uns erwartet: In strategisch günstiger Position auf einem Moränenrücken am Ausgang des Martelltales befinden sich die Burgen Ober- und Untermontani. Während von Untermontani nur noch malerische Mauerreste zeugen, besteht die enggeschlossene Burganlage von Obermontani aus Bergfried, Wohnturm, Palas mit Arkadenhof und Kapelle, die sich außerhalb des Berings am äußersten Abgrund des Moränenhügels befindet.

Aus der Geschichte: Die Anlage wird 1225 widerrechtlich von Graf Albert von Tirol erbaut, aber bereits 1228 als Lehen des Churer Bistums anerkannt. Unter Meinhard II. von Görz-Tirol erlebt Obermontani seine Blütezeit. Nach einem allgemeinen Niedergang im 16. Jahrhundert bleibt die Burg von 1647 bis 1833 im Besitz der Grafen Mohr. Nach 1839 wird sie aufgelassen und dem Verfall preisgegeben.

Seit 1970 werden Restaurierungsarbeiten durchgeführt, um das verbliebene Mauerwerk zu retten.

Obermontani ist bekannt als Fundort einer 1323 datierten Handschrift des Nibelungenliedes, eine der frühesten Niederschriften der Heldensage.

Kunsthistorische Notizen: Von kunsthistorischem Wert sind die gotischen Fresken aus dem 15. Jahrhundert im Innern der Kapelle St. Stephan. Hier können nebeneinander Werke der lombardischen (Nord- und Ostwand sowie Chor) und schwäbischen (Süd- und Westwand) Schule bewundert werden. Die Wandbilder zeigen ne-

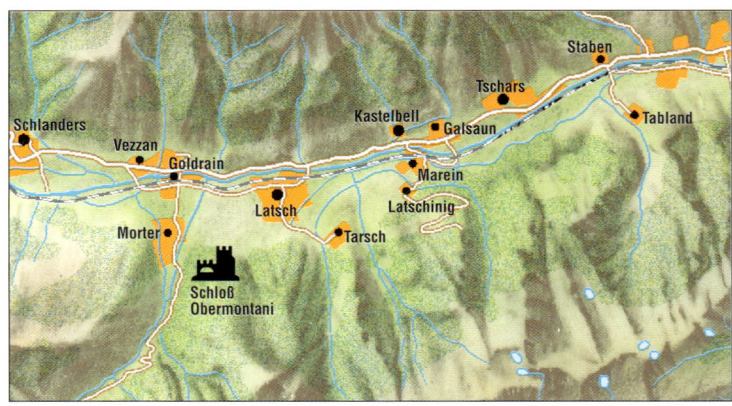

Bachguterhof
Tschars
☎ (0473) 62 41 84
Ruhetag: Donnerstag.
Öffnungszeiten: ganzjährig
geöffnet bis auf Juli.
Gastronomie: gute, einheimi-
sche Küche.
Platzangebot: ca. 70 Sitzplätze.

Obermontani ist Fundort einer
Handschrift des Nibelungenliedes.

ben verschiedenen Heiligenlegenden Teile der Leidensgeschichte
Christi und geben gleichzeitig eine detailgetreue Schilderung mittelalterlicher Kriegsausrüstung und grausamer Folterungen. Das
Bemühen der Künstler um Bewegung zeigt sich im Faltenwurf und
in der nicht immer natürlichen Haltung der Figuren.
Zeugen von »Vandalismus« historischer Art sind die von gräflicher
Hand ins Mauerwerk geritzten Namen und Jahreszahlen.
Was ebenfalls einen Besuch lohnt: Einblick in die höfische Freizeit-
beschäftigung vermittelt ein Besuch in der nahegelegenen Falknerei, wo verschiedene Greifvögel beim freien Flug beobachtet
werden können.
Wieder im Tal, empfiehlt es sich, die Spitalskirche in Latsch zu besichtigen, in der sich der berühmte Lederer-Altar befindet, ein
spätgotischer Flügelaltar von 1520. Gegrilltes bietet auf dem Weg
dorthin der Latscher Bierkeller.

i

Kastelbell

Lage: auf einem Felshügel am Ausgang der Latschander-schlucht.
Öffnungszeiten: nicht zugänglich.
Das Besondere: die beherrschende Position im Talgrund.
Wenn noch Zeit bleibt: über den Waal am Sonnenberg nach Tschars (1½ Std.), Staben (2 Std.) oder Schloß Juval wandern.

8 Kastelbell

Wächter der Landstraße

Was uns erwartet: Die Ortschaft Kastelbell mit dem gleichnamigen Schloß ist der Ausgangspunkt für eine beschauliche Wanderung den Waalen entlang bis nach Tschars oder auch weiter bis nach Staben oder Schloß Juval.

Das Dorf Kastelbell liegt im Talgrund zwischen Obstkulturen, das Schloß jedoch erhebt sich mächtig auf einem Felsen direkt über der Etsch und der vielbefahrenen Vinschger Staatsstraße.

Wie auch zahlreiche andere Burgen des Vinschgaus ist das Schloß in erster Linie ein Wehrbau. Es besitzt deshalb kaum bedeutenden künstlerischen Schmuck, beherrscht und prägt aber doch wesentlich das Landschaftsbild.

Der Name des Schlosses kommt vom Lateinischen »castellum bellum« und bedeutet wehrhaftes Schloß.

Aus der Geschichte: Die mittelalterliche Kernburg, bestehend aus mehreren Wohnbauten und einem Innenhof, wird um 1230 erbaut und findet erstmals 1297 Erwähnung als landesfürstlicher Besitz. 1531 verpfändet der römisch-deutsche König Ferdinand I. das Schloß an Sigmund Hendl. Im 16. Jahrhundert wird die Anlage durch einen Zwinger, drei Außenrondelle und eine Vorburg erweitert. Erkeranbauten sollen den strengen Bau etwas auflockern.

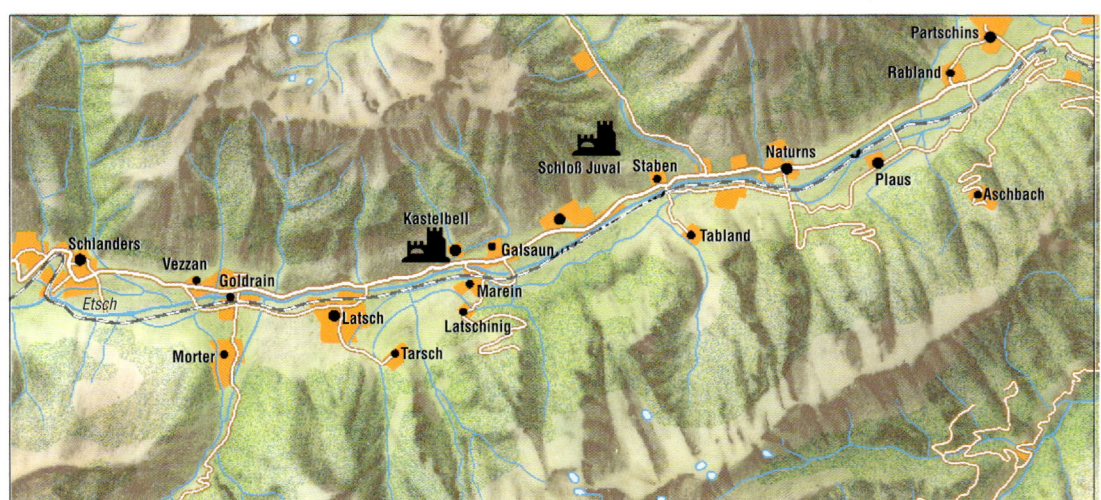

Einkehrtip

Schloßwirt
Juval
☎ (04 73) 66 82 38
Ruhetag: Mittwoch.
Öffnungszeiten: Anfang April bis
Mitte November; Juli geschlossen.
Gastronomie: Tiroler, tibetani-
sche und mediterrane Küche.
Platzangebot: ca. 80 Sitzplätze;
im Freien zusätzlich 20 Sitzplätze.

Schloß Kastelbell, an markanter
Stelle oberhalb der Etsch gelegen.

Nach dem Aussterben der männlichen Hendl gelangt das Schloß
1949 in Staatsbesitz. Vor einigen Jahren wurden umfassende Restaurierungsarbeiten durchgeführt, die nach Meinung einiger Kriti-
ker den ursprünglichen Charakter des Schloßes »wegrenoviert«
haben.

Kunsthistorische Notizen: Erwähnenswert sind die aus der Zeit um
1570 stammenden Fresken der Schloßkapelle. Unter einem Gewölbe von Blätterwerk finden sich an den Wänden neben religiösen
Motiven die Wappen Österreichs, Tirols, Erzherzog Ferdinands II.,
der Hendl und ihrer Verwandtschaft.

Was ebenfalls einen Besuch lohnt: Auf alle Fälle lohnend ist eine Wanderung über den Waalweg, die je nach Laune verlängert oder ver-
kürzt werden kann. Von Kastelbell aus folgt man der Markierung
zum Waal, spaziert dann durch lichten Wald bis zur beschilderten
Abzweigung zur Ruine Hochgalsaun. Man hat nun auch die für den
Vinschger Sonnenberg typische Steppenvegetation erreicht und
gelangt weiter über den Schnalswaal schließlich zur Jausenstation
Sonnenhof. Von hier führt ein eher steiler Weg zum Schloß Juval.
Der Besitzer, der Bergsteiger Reinhold Messner, hat das Schloß renoviert und einige Raritäten aus aller Welt in einem kleinen Museum gesammelt.

Burggrafenamt und Meran

Schloß Tirol, Stammsitz der Grafen
von Tirol und deshalb auch
die »Wiege des Landes genannt«,
gegen Nordwesten.

9 Schloß Tirol

»Das Schloß« in Südtirol

Was uns erwartet: Von weitem sichtbar, das gesamte Meraner Becken dominierend, erhebt sich auf einem Bergvorsprung unter der Mutspitze das Stammschloß des Landes: Schloß Tirol. Mächtig und stolz wirkt die weitläufige Anlage, die aus einem überragenden quadratischen Bergfried aus der Zeit um 1140, aus dem Saalbau mit der Kapelle aus dem 12. und 13. Jahrhundert, dem Palas aus dem 13. Jahrhundert und verschiedenen Ökonomiebauten besteht. Die Burg in ihrer Größe und Einteilung zeugt von der einstigen Stärke und Bedeutung ihrer Bewohner. Heute ist darin das Landesmuseum für Geschichte und Archäologie untergebracht.
Vom Saalbau genießt man den wohl schönsten Ausblick auf Meran und das Etschtal.
Schloß Tirol kann am einfachsten von Dorf Tirol über den Promenadenweg erreicht werden. Nicht viel länger, aber interessanter ist der Weg von Gratsch über das Kirchlein St. Peter. In diesem Fall könnte man den Rückweg über die Brunnenburg wählen.
Aus der Geschichte: Mit der Gründung des römisch-deutschen Kaiserreiches gewinnt das Gebiet des heutigen Tirol immer mehr an Bedeutung als Durchzugsstrecke und wichtiger Stützpunkt der Kai-

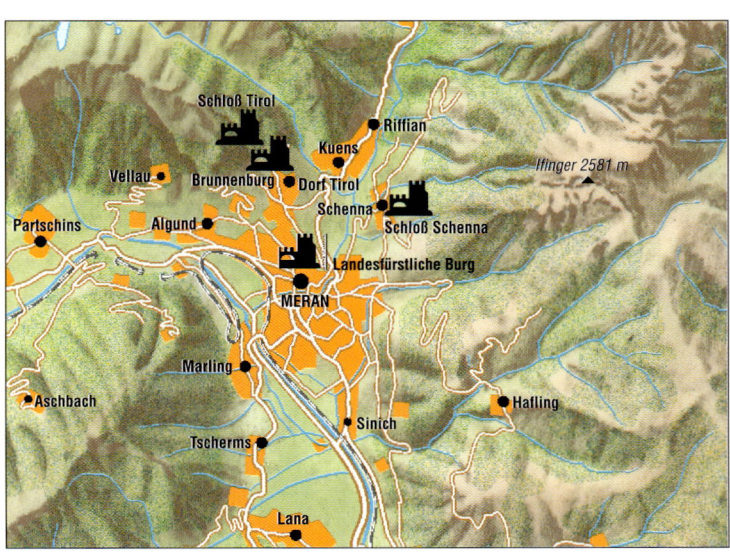

Schloß Tirol. An der Südseite der
Palas und die Kapelle (mit vor-
romanischen Fundamenten), an der
nördlichen, zugänglicheren Seite
der wehrhafte Bergfried.

ser auf ihren Italienzügen, überqueren doch mehr als die Hälfte aller deutschen Kaiser die Alpen über den Brenner. Eine Route, die
auch in der Gegenwart nichts an Attraktivität – und Verkehr – verloren hat.

1004 und 1027 wird das Land an die Hochstifte von Trient und Brixen verliehen und macht die Bischöfe somit zu Reichsfürsten und
Territorialherren mit wichtigen Hoheitsrechten. Allzu weltliche An-
gelegenheiten, wie die Kriegsführung oder das Hochgericht, vergeben die Bischöfe an ihre weltlichen Schutzherren, die Vögte. Diese
verstehen es, ihre Position im Laufe der Zeit wieder zu stärken
und die eigentlichen Herren im Lande zu werden. Im Kampf um
das Landesfürstentum konkurrieren die Grafen von Eppan mit den
Grafen von Tirol, die sich schließlich als Sieger erweisen. Graf Albert III. gelingt es 1248 mit der Hilfe kleinerer Feudalherren, zur
Vogtei über das Bistum Trient auch jene über Brixen zu bekommen
und seinen Machtbereich wesentlich zu vergrößern.

Die Linie Görz-Tirol wird mit dem Aussterben der männlichen
Nachkommen 1253 gegründet, und unter Meinhard II. wird das

Einkehrtip

Sandgruberhof
Dorf Tirol
☎ (04 73) 92 35 13
Ruhetag: Montag.
Öffnungszeiten: eine Woche vor Ostern bis Sonntag nach Allerheiligen.
Gastronomie: nur Marende. (Speck, Käse, Kaminwurzen) und warme Suppen.
Platzangebot: 150 Sitzplätze, Terrasse.

Land zur Gefürsteten Grafschaft Tirol – ein Sieg der landesfürstlichen Zentralgewalt über die Interessen der Feudalherren. Den Fürstbischöfen bleiben kleinere Herrschaften und Städte.

Meinhards Enkelin Margarethe, genannt »Maultasch«, bleibt ohne Nachkommen und übergibt 1363 Tirol an Herzog Rudolf von Habsburg. Tirol wird Teil der Österreichischen Erblande der Habsburger und bleibt es bis 1918.

Schloß Tirol wird Anfang des 12. Jahrhunderts von den Vinschgauer Grafen erbaut, die sich seit 1141 Grafen von Tirol nennen. Ein Ausbau erfolgt unter den Grafen von Görz-Tirol, ein weiterer nach der Übergabe an die Habsburger. Tirol wird Sitz des Landeshauptmannes an der Etsch, seit dem 16. Jahrhundert setzt ein langsamer Verfall ein. Die ersten Restaurierungsarbeiten beginnen Ende des 19. Jahrhunderts und schließen mit einer Generalsanierung 1973 vorläufig ab.

Kunsthistorische Notizen: Im Hauptgebäude der Burg findet sich ein doppelgeschossiger Saalbau mit einer Loggia mit dreiteiligen romanischen Rundbogenfenstern, die zum Teil noch originaler alter Bestand sind. An den Saalbau schließt eine ebenfalls zweigeschossige Kapelle an, der erste Stock war der fürstlichen Familie vorbehalten, das Untergeschoß dem Volk. Im Adelsteil findet sich ein Wandbild mit der ältesten Darstellung des Tiroler Adlers.

Die marmornen Portale am Eingang zum Palas und zur Kapelle sind reich skulptiert: symbolische Darstellungen zur Abwehr des

Detail an einem romanischen Rundbogenfenster der Loggia vor dem Eingang zum Palas.

Der Blick nach Süden – grenzenlos. Von Schloß Tirol bietet sich ein einzigartiges Panorama von Meran und dem Etschtal.

Bösen, ein bogenschießender Kentaur, der Erzengel Gabriel, Adam und Eva und die Kreuzabnahme Christi.

In der romanischen Kapelle sind Wandgemälde aus der Zeit Margarethe Maultaschs und eine frühgotische Kreuzgruppe erhalten.

Unter der Krypta der Kapelle sind vorromanische Fundamente freigelegt worden.

Was ebenfalls einen Besuch lohnt: Kunsthistorisch interessant ist ein Ausflug zur karolingischen Kirche St. Peter in Gratsch: Dekorationsmalerei in der Apsis aus dem 11. Jahrhundert, Paulus in einer Bogennische im südliche Querarm, gotische Fresken in der Apsis, in der Nebenapsis eine Grabplatte mit einem »Seelenloch«, ein Blockaltar mit Reliquiengrab, vielleicht aus dem 5. Jahrhundert.

Gleich daneben steht das Gasthaus Kronsbichl, wo es frischen, hausgemachten Kuchen gibt.

Brunnenburg

Lage: auf einem Moränenhügel unter Schloß Tirol.
Erreichbarkeit: kurze Wanderung von der Kirche in Gratsch aus, allerdings aufwärts; oder von Dorf Tirol aus, abwärts.
Öffnungszeiten: Besichtigung mit Führung von Mitte März bis November, 9.30–17.00 Uhr, Dienstag Ruhetag.
Das Besondere: ein Landwirtschaftsmuseum.

10 Brunnenburg

Verspielter Historismus auf mittelalterlichen Fundamenten

Was uns erwartet: Die Brunnenburg, die in ihrem Kern auf eine mittelalterliche Burganlage zurückgeht, ist ein verspieltes, kleines Schlößchen, das sich hervorragend als Fotomotiv eignet. Mit der zunehmenden Bedeutung Merans als Kurstadt und einer romantischen Verklärung des Rittertums im ausgehenden 19. Jahrhundert gelangen einige alte, verfallene Schlösser in den Besitz wohlhabender »Gönner«. So auch die Brunnenburg, die 1904 mit wenig kunstgeschichtlichem Einfühlungsvermögen in historisierenden Formen wieder aufgebaut wird. Die ursprüngliche Palasmauer mit den Schwalbenschwanzzinnen wird mit zahlreichen Türmchen, Bögen, Loggien, Erkern, Balkonen, Zinnen und Giebeln »beglückt«.

Das Schloß ist heute noch in Privatbesitz, doch befindet sich im Innern ein landwirtschaftliches Museum, das besichtigt werden kann.

Aus der Geschichte: Bauherr der mittelalterlichen Burg, bestehend aus quadratischem Bergfried und zweiteiligem Palas, dürfte Wilhelm Tarant sein, der sich ab 1240 »von Brunnenburg« nennt. Von 1457 bis 1884 ist sie im Besitz der Herren von Kripp. Seit dem 16. Jahrhundert wird sie dem Verfall preisgegeben, bis sie 1904 durch den neuen Burgherrn Karl Schwicker im neugotischen Stil renoviert wird.

In der Folgezeit geht sie an die »Opera Nazionale Combattenti«, 1955 an den amerikanischen Dichter Ezra Pound und an die heutigen Besitzer de Rachewiltz.

Kunsthistorische Notizen: Für Liebhaber des Historismus eine kleine Fundgrube!

Was ebenfalls einen Besuch lohnt: Die Besichtigung der Brunnenburg kann mit einer zweistündigen Rundwanderung verbunden werden. Man startet in Meran von der Kirche in Gratsch, geht zur Brunnenburg hinauf und von da westwärts weiter über Schloß Tirol nach St. Peter und Schloß Thurnstein und wieder zurück nach Gratsch. Wer keine Eile hat, besichtigt natürlich sowohl Schloß Tirol wie auch St. Peter, wo sich übrigens auch Einkehrmöglichkeiten bieten.

Eine andere Möglichkeit wäre es, von der Brunnenburg aus nach Dorf Tirol zu gehen, dort einzukehren und mit dem Sessellift nach Meran zurückzufahren.

Einkehrtip

Schloß Thurnstein
Gratsch
☎ (04 73) 22 02 55
Ruhetag: Donnerstag.
Öffnungszeiten: Mitte Dezember
bis Mitte Januar und Mitte März
bis November.
Gastronomie: einheimische
Küche.

Die Brunnenburg scheint sich unter
die mächtige, Schutz bietende
Anlage von Schloß Tirol zu ducken.

Landesfürstliche Burg

Lage: im Zentrum Merans.
Erreichbarkeit: wenige Schritte von den verschiedenen Parkplätzen entfernt.
Öffnungszeiten: eine Woche vor Ostern bis Ende Oktober, Montag bis Freitag: 9.30–12.00, 14.00–18.00 Uhr, Samstag: 9.00–12.00 Uhr.
Das Besondere: die interessante und vielgestaltige Innenausstattung.
Wenn noch Zeit bleibt: eine Stadtführung durch das historische Meran machen;
Auskunft: Kurverwaltung Meran, ☎ 0473/235223.

11 Landesfürstliche Burg

Spätgotisches Kleinod der Kurstadt

Was uns erwartet: Wenige Schritte abseits des Zentrums von Meran findet sich, versteckt unter einem dichten Efeu- und Zypressenmantel, die Landesfürstliche Burg. Das Fürstenhaus, wie sie früher genannt wird, ist ein bedeutendes Werk der weltlichen Baukunst der Spätgotik. Durch eine schmale, niedere Pforte, das sogenannte Mannsloch, gelangt man in den Vorhof des fünfeckigen Baus, der von Erzherzog Sigmund um 1470 als Stadtresidenz benutzt wird.
Heute dient die Burg auf besonderen Wunsch der Brautleute als Schauplatz für »weltliche« (standesamtliche) Trauungen.
Nach der Führung durch die Burg kann man je nach Laune und Kondition einen Spazierweg auf dem Tappeinerweg oder einen Stadtbummel machen, oder man genehmigt sich ein köstliches Essen im nahen Restaurant »Sissi« des jungen Gourmetkoches Andrea Fenoglio.

Aus der Geschichte: Die heutige Baugestalt mit dem Wohnturm mit dem Zinnengiebel und der gezinnten Hofmauer erhält die Burg zwischen 1449 und 1470 durch Herzog Sigmund den Münzreichen, der 1448 die Regierung in Tirol übernimmt.
Kaiser Maximilian persönlich soll im Schloß genächtigt haben, die Bezeichnungen »Kaiserzimmer« im Inventar von 1518 für die beiden Hauptgemächer im ersten Stock zeugen davon.
1806 wird das Gebäude den Fürsten von Thurn und Taxis als Entschädigung für das Postregal in Tirol übertragen.
In den Jahren 1875 bis 1879 veranlaßt die Stadt eine gründliche Restaurierung und ergänzt und erweitert bis 1908 die Einrichtung durch Ankäufe und Geschenke.

Kunsthistorische Notizen: Ein einzigartiges Schmuckstück der Hafnerkunst befindet sich im bereits erwähnten Kaiserzimmer: ein turmartiger Kachelofen mit grüner Bleiglasur aus der Zeit um 1465. Während der viereckige Unterbau Blütenmotive trägt, zeigt der Oberbau die sitzende Jungfrau mit dem Einhorn, den thronenden Kaiser, die Wappen von Österreich-Tirol und Meran, den hl. Georg, Engel mit den Wappen der österreichischen Erblande und als Abschluß einen Zinnenkranz.
Der Meister des Ofens kommt wahrscheinlich aus der Gegend von Passau, wo im 15. Jahrhundert ein Zentrum der Kachelerzeugung entsteht.

44

Die malerische Landesfürstliche Burg liegt im Zentrum von Meran, unweit der Lauben.

Meisterwerke der Meraner Tischler hingegen sind die getäfelten Stuben und Schlafkammern (z. B. das Kaiserzimmer um 1470/80) mit ihren Balkendecken.

Sehenswert sind die kunstvoll geschnitzten Wappentafeln, wie z. B. das schottische Wappen der Gemahlin Sigmunds in prachtvoller Fassung mit dem Löwen, eingefaßt von Wappenhaltern, Schriftband und Blattwerk.

Die »Jungfernkammer« birgt alte und seltene Musikinstrumente, Quer- und Blockflöten aus der Renaissance und dem Barock, Nürnberger Barocktrompeten sowie diverse Saiteninstrumente.

Viele weitere Kostbarkeiten finden sich aufgeteilt auf die verschiedenen Stockwerke und Räume: Gemälde, Schriftbänder, Wandmalereien, Skulpturen, Möbel, die Kapelle, Hellebarden Armbrüste.

Was ebenfalls einen Besuch lohnt: Interessant und aufschlußreich ist es, an einer Führung durch die mittelalterliche Altstadt teilzunehmen. Verborgene Winkel und Ecken, die dem normalen Touristen verborgen bleiben, zeigen die Stadt Meran von einer anderen, ruhigeren Seite.

Einkehrtip

Santer Klause
Meran
☎ (0473) 234086
Ruhetag: Donnerstag.
Öffnungszeiten: ganzjährig bis auf Februar.
Gastronomie: Südtiroler Küche.
Platzangebot: ca. 50 Sitzplätze.

Zenoburg

Lage: auf einem abschüssigen Felsen über der Gilfschlucht.
Erreichbarkeit: wenige Minuten außerhalb des Zentrums von Meran Richtung Passeier auf der alten Passeirer Straße.
Öffnungszeiten: nicht zugänglich.
Das Besondere: die Legenden um die Wundertätigkeit des hl. Korbinian.
Wenn noch Zeit bleibt: durch den ältesten und beschaulichsten Teil der Meraner Altstadt spazieren, den man von der Zenoburg kommend nach dem Passeirer Tor erreicht.

12 Zenoburg

Spuren und Funde aus römischer Zeit

Die Zenoburg; im Bild die zweigeschossigen Apsiden der Kapelle.

Was uns erwartet: Wildromantisch auf einem Felsen über der Gilfschlucht liegt die Zenoburg – oder vielmehr das, was von der einst ausgedehnten Burganlage noch übrig ist. Am besten erhalten ist die zweigeschossige Kapelle mit zwei Rundapsiden, die von der Passerschlucht aus gut erkennbar sind. Reste der Ringmauer, des Zwingers und des südlichen Palas sind ebenfalls noch erhalten, ebenso der bewohnbare Bergfried.

Wer bis zur Burg vordringen will, wählt am besten den Weg durch die Gilf und betrachtet die Anlage aus der »Perspektive des kleinen Mannes«, bevor er sich über die alte Passeirer Landstraße seinem Ziel nähert.

Aus der Geschichte: Vor der Zenoburg gibt es auf dem Felsen über der Passer in vorgeschichtlicher Zeit eine Wallburg, zur Römerzeit das *castrum maiense*, im 8. Jahrhundert die Kapelle der heiligen Zeno und Valentin.

Als Grabstätte des hl. Valentin und des hl. Korbinian lockt sie im Frühmittelalter zahlreiche Pilger an. Es kursiert auch eine Sage in diesem Zusammenhang: Bei der Beerdigung Korbinians stürzt der siebenjährige Arbeo in die Gilfschlucht, wird aber nicht von der reißenden Passer verschlungen, sondern von einem Strauch aufgefangen und unverletzt – ein Wunder! – geborgen. Arbeo, später Bischof von Freising und Verfasser des Abrogans, bezeichnet dies als das erste Werk des hl. Korbinian.

1237 schließlich wird die Burg als Besitz der tirolischen Ministerialen Suppan erwähnt. Meinhard II. erwirbt sie vor 1296 und baut sie zur landesfürstlichen Residenz aus. 1347 im Krieg mit Karl von Böhmen, ein Rachefeldzug für seinen Bruder, dem verschmähten, ersten Ehemann der Margarethe Maultasch, wird die Zenoburg großteils zerstört und nicht wieder aufgebaut.

Aus der Geschichte: Dem Verfall standgehalten haben die spätromanischen Kapellen St. Gertraud und St. Zeno. Die Chorbögen sind aus Quadern, einem rechteckigen Pfeiler und halbrunden Fenstern aufgebaut. Beachtenswert ist das Portal mit seinen flankierenden Rundsäulen mit Knospenkapitellen, den Reliefs mit Tierfiguren, Kentauren, einem Kleriker und dem Tiroler Adler.

Was ebenfalls einen Besuch lohnt: Von der Zenoburg aus hat man den schönsten Zugang zu Meran. Man spaziert durch das Passeirer Tor und gelangt in den ältesten Teil der Stadt. Hier ist es ruhig, kaum ein Tourist verirrt sich in diese Gegend. Die alten Häuser sind meist renoviert, restauriert, die alten Gassen immer noch eng und verwinkelt.

Der Römersteig in der Gilfenklamm. Im Hintergrund die Zenoburg.

Schloß Schenna

Lage: wenige Schritte vom alten Ortskern entfernt auf einer kleinen Anhöhe.
Erreichbarkeit: am besten zu Fuß.
Öffnungszeiten: von der Karwoche bis Allerheiligen geöffnet, außer sonntags 10.30, 11.30, 14, 15, 16, 16.45 Uhr (Besichtigung mit Führung), ☎ (0473) 945630, Fax 945351.
Das Besondere: Das Schloß erlangte Berühmtheit durch den österreichischen Erzherzog Johann, der für die kostbare Einrichtung aufkommt.
Wenn noch Zeit bleibt: Auch das Mausoleum kann besichtigt werden von 10 bis 12 und von 15.00 bis 16.30 Uhr, Sonntag Ruhetag.

Schloß Schenna im gleichnamigen Dorf; dahinter die Mutspitze.

13 Schloß Schenna

Erzherzog Johanns Lieblingsplatz

Was uns erwartet: Wenige Schritte vom alten Kern des Dorfes entfernt erhebt sich auf einem kleinen Hügel der wuchtige Bau von Schloß Schenna.
Die auf den ersten Blick schmucklos wirkende Anlage erweist sich bei näherer Betrachtung als vielfältig und reich an verschiedenen Bauelementen.

Über die im 18. Jahrhundert erbaute Steinbrücke des künstlichen Grabens erreicht man den runden Torturm und schließlich den kleinen Innenhof. Wohngebäude und Kapelle sind gut erhalten, der ursprüngliche Bergfried allerdings ist bereits im 15. Jahrhundert eingestürzt. Eine Besichtigung mit Führung wird angeboten.
Aus der Geschichte: Schloß Schenna wird auf Bauresten aus dem 12. Jahrhundert 1346 von Petermann von Schenna erbaut. Er hatte den Hügel im Tausch gegen St. Georgen erworben. Nach Petermanns Tod geht die Burg 1470 an die Herren von Starkenberg aus dem Inntal. Ursula von Starkenberg verteidigt 1422/23 wochenlang vergebens die Burg vor der Belagerung durch den Landesfürsten.

48

Herzog Friedrich statuiert ein Exempel und weist den aufstrebenden Adel des Landes in seine Schranken.

Von 1496 bis 1749 ist die Burg im Besitz der Grafen von Liechtenstein, die umfangreiche Arbeiten durchführen lassen. Zwei getäfelte Säle mit Kassettendecke zeugen u. a. davon.

1844 kauft Erzherzog Johann von Österreich Schloß Schenna und
läßt es erneut umgestalten und einrichten.

Das Schloß ist noch heute in Besitz seiner Nachkommen, der Grafen von Meran.

Kunsthistorische Notizen: In Schloß Schenna treffen wir auf Räume
mit kostbarer Holztäfelung und Kassettendecke, einen Fayence-

Einkehrtip

Thurnerhof
Schenna
☎ (0473) 945702
Ruhetag: Montag.
Öffnungszeiten: Ende April bis
Ende November, 16–24 Uhr.
Gastronomie: Höhepunkte der
einfachen Tiroler Küche; im
Herbst Törggelen.
Platzangebot: ca. 60 Sitzplätze
in 3 Stuben, ca. 40 Sitzplätze im
Garten.

Wandern im Burggrafenamt. In der
Umgebung von Schenna.

ofen, einen Waffensaal sowie eine Ende des 19. Jahrhunderts vom
Sohn Erzherzog Johanns angelegte Sammlung von Tirolensien und
Habsburger-Porträts.

Was ebenfalls einen Besuch lohnt: Nach der Besichtigung des Schlosses empfiehlt sich eine kunsthistorische Rundwanderung von der
neugotischen Pfarrkirche Maria Himmelfahrt zur romanischen St.-
Martins-Kirche am Friedhof und zum Mausoleum Erzherzog Johanns. Weiter geht es auf dem beschildertem Fußweg zum Kirchlein St. Georgen, wo eine Einkehrmöglichkeit besteht.

Von hier kann der Verdinser Waalweg weiterbegangen oder die
Route über Schloß Goyen zur Naif gewählt werden.

14 Lebenberg

Ein Schmuckstück im Burggrafenamt

Was uns erwartet: Weithin sichtbar über den Rebhängen auf einem kleinen Hügel des Marlinger Berghanges liegt Schloß Lebenberg. Die ausgedehnte Burganlage reicht in ihren Ursprüngen ins 13. Jahrhundert zurück. Aus dieser Zeit stammen der Bering, der später häufig umgebaute Palas, von dem aber noch einige alte Fenster erhalten sind, und der 24 Meter hohe Bergfried mit düsterem Verlies, das heute typisches Folterinventar beherbergt. Hier seien nur das Henkersbeil und der schmucke Keuschheitsgürtel erwähnt.

Die alte Anlage hat einen keilförmigen Grundriß, der auch nach den Umbauten im 15. Jahrhundert im wesentlichen erhalten geblieben ist.

Die neuen Gebäude sind durch zwei malerische Höfe von der alten Burg getrennt; sehenswert der Burggarten, streng nach barocken Mustern geordnet, und der Turm an der Nordostseite von 1503.

Auf alle Fälle beeindruckend ist ein riesiger – $10\,\text{m}^2$ großer – in Öl gemalter Stammbaum der Fuchs aus der Mitte des 17. Jahrhunderts im Rittersaal: »Fichsischen Stamen pamb«.

Aus der Geschichte: Wie bereits erwähnt, datiert die ursprüngliche Burg aus dem 13. Jahrhundert. Erbaut wurde sie von den Herren von Marling, Tiroler Ministerialen, die 1271 erstmals als »von Lebenberg« aufscheinen.

1426, nach ihrem Aussterben, übernimmt Wolfhart Fuchs von Fuchsberg den Besitz als landesfürstliches Lehen, das seine Familie, seit 1644 gräflich, bis zum Aussterben 1828 bewahrt. Nach wechselnden Besitzern ist die Burg seit 1925 in den Händen der Familie van Rossem, die es mit verschiedenen kostbaren Einrichtungsgegenständen bereichert.

Kunsthistorische Notizen: Neben verschiedenem Mobiliar aus der Zeit des Barock, Rokoko und Biedermeier finden sich sehenswerte Stuckdecken im Spiegelsaal und im Empirezimmer.

Die Burgkapelle zum hl. Stephan ist aus dem 14. Jahrhundert, wird allerdings im 16. Jahrhundert zweimal umgebaut und auch erhöht und mit einem dekorativen Stern- und Fächergewölbe versehen. In der Westempore findet sich ein kunstvolles Fischblasenwerk an der Steinbrüstung. Der Altar der Kapelle im Knorpelwerkstil ist ein Werk aus dem Jahr 1654.

Lebenberg

Lage: nordwestlich über Tscherms auf dem Marlinger Berghang.

Erreichbarkeit: von Marling aus auf den Waalweg, dann auf ein kurzes, abschließendes, aber steiles Wegstück in 2½stündiger Wanderung. Zufahrt aber auch mit dem Auto möglich.

Öffnungszeiten: von Ostern bis Ende Oktober Besichtigung mit Führung: 10.30–12.30 Uhr, 14.00–16.30 Uhr, sonntags geschlossen.

Das Besondere: viel Sehenswertes, darunter aber besonders das großangelegte Stammbaumgemälde.

Gegenüberliegende Seite:
Die Anlage von Schloß Lebenberg erschließt sich aus der Luft besonders gut.

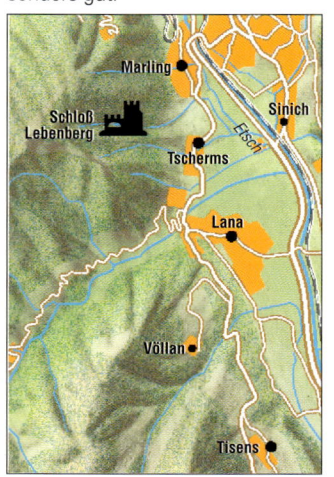

Was ebenfalls einen Besuch lohnt: Wer Schloß Lebenberg von Marling aus zu Fuß erreichen will, geht einen Abschnitt längs des schönen Marlinger Waales. Diesen ganz zu durchwandern, vorbei an Weinreben und Apfelbäumen, Sträuchern und Wald, und immer wieder das Panorama auf das Etschtal zu genießen, rundet das Erlebnis »Lebenberg« ab.

Entlang der Strecke laden zahlreiche gemütliche Gasthöfe und Jausenstationen zur Einkehr ein.

Wenn noch Zeit bleibt: Den Waal entlang spazieren Richtung Lana oder Marling und in einer der gemütlichen Jausenstationen zu Kaffee und Kuchen oder Speck und Käse einkehren.

Einkehrtip

Glögglkeller, Lana
☎ (04 73) 56 17 85
Ruhetag: Montag.
Öffnungszeiten: Ostern bis Mitte Juni und August bis November.
Gastronomie: Eigenbauweine, hausgemachten Speck und im Herbst Hauswurst mit Sauerkraut.

51

15 Leonburg

Klassische mittelalterliche Wehrburg

Was uns erwartet: Malerisch umgeben von dichtem Laubwald, erhebt sich die Leonburg auf einer Anhöhe unmittelbar neben der Gampenpaßstraße. Die Anlage besteht aus zwei Wehrtürmen, Palas und Ringmauer, an welcher der Absatz für den Wehrgang und ein Teil der viereckigen Zinnen noch sichtbar sind. Man betritt die Burg durch einen nach innen offenen Torturm. Die Leonburg ist eine typische mittelalterliche Wehrburg ohne modischen Schnickschnack: grobgemauert, unverputzt, ohne dekorative Wappensteine oder Wandmalereien. Hier bekommt man einen Einblick in das wirkliche Leben eines Ritters: kein Luxus, kein Komfort!

Aus der Geschichte: Der ursprüngliche Name der Leonburg lautet Lanaburg. Sie wird um 1200 von den bereits im 12. Jahrhundert erwähnten Herren von Lana erbaut, geht nach 1295 an die Grafen

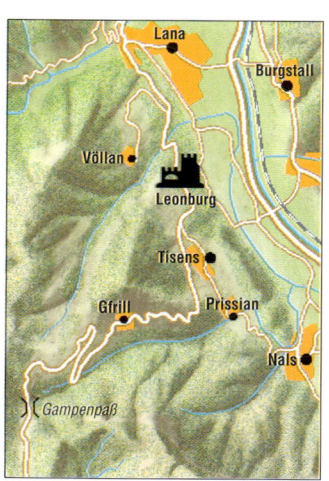

Görz-Tirol und 1461 oder 1463 an die Grafen Brandis, die sie heute noch besitzen.

Die beiden Wehrtürme deuten auf mehrere Besitzer hin, so existieren auch Teilungsverträge aus den Jahren 1236 und 1423.

In den Jahren 1275/76 wird die Burg von Graf Meinhard II. von Tirol überfallen, zu einem zweiten Überfall kommt es nicht, da Graf Brandis Meinhard mit der freiwilligen Übergabe der Schlüssel davor zurückhält und so seine Burgen rettet. Er kann sie zwar nicht mehr sein Eigentum nennen, erhält sie aber als landesfürstliches Lehen, das an die männliche Nachkommenschaft, an der es im Laufe der Zeit nie gemangelt hat, weitergegeben wird.

Kunsthistorische Notizen: Die ursprüngliche Bausubstanz ist fast unversehrt erhalten geblieben und erlaubt einen unverfälschten Einblick in das Wesen mittelalterlicher Wehrbauten.

Im Inneren findet sich eine schlichte spätgotische Stubentäfelung.

Was ebenfalls einen Besuch lohnt: Für Wanderfreudige ist der alte Weg von Niederlana nach Tisens zu empfehlen, auf dem man nach 325 Höhenmetern und 2 Stunden Gehzeit die Leonburg erreicht.

Einkehrtip

Brandiskeller
Lana
☎ (0473) 561303
Ruhetag: Sonntag.
Öffnungszeiten: April bis Mitte November.
Gastronomie: Tiroler Küche, Eigenbauweine.
Platzangebot: ca. 150 Sitzplätze; im Garten ca. 50 Sitzplätze.

Herbststimmung: die Leonburg oberhalb von Lana; im Hintergrund links das Passeiertal und rechts der Ifinger.

16 Katzenzungen

Haus oder Schloß?

Was uns erwartet: Im Tisenser Mittelgebirge südöstlich von Prissian erhebt sich Schloß Katzenzungen. Von einem Schloß hat der quaderförmige Bau nun zwar nicht viel, vielmehr wirkt Katzenzungen wie ein wuchtiges Haus mit einem gewissen Verteidigungscharakter: kleine vergitterte Fenster im Erdgeschoß, glatte Fassaden, ein eisenbeschlagenes Tor mit Mannsloch, ein Pechnasenkranz mit Schießscharten und eine Steinbrücke, die zum Tor führt. Im Inneren sind die Räume regelmäßig um große Mittelsäle angeordnet.

Der Bau besitzt eine unterirdische Pumpanlage, die die Trinkwasserversorgung aus dem Prissianer Bach sichern sollte. Lang ist's her, obwohl, auch im Mittelalter die Fäkalien, die aus den vorragenden Aborten auf der Rückseite des Ansitzes abgingen, im Bach landeten!

Heute ist Schloß Katzenzungen Schauplatz kultureller Veranstaltungen, wie Ausstellungen heimischer Künstler, kann aber auch für private Festivitäten angemietet werden.

Der massive Bau des Schlosses, von Westen gesehen.

Detail der Verteidigungsanlagen: Pechnasen.

Einkehrtip

Schmiedlhof
Grissian
☎ (04 73) 92 09 93
Ruhetag: Dienstag.
Öffnungszeiten: ganzjährig geöffnet.
Gastronomie: Tiroler Kost.
Platzangebot: in der Stube 50 und im Garten weitere 50 Sitzplätze.

Aus der Geschichte: Der ursprüngliche Bau besteht nur aus einem Wohnturm und ist Sitz der 1244 erwähnten Herren von Katzenzungen, eppanische Ministerialen von Tisens. Nach wechselnden Besitzern gibt um 1540 Franz von Breisach der Burg die heutige Gestalt. Nach dem Aussterben der Breisach 1706 lösen sich wieder mehrere adelige Besitzer ab; eine Folge ist die Vernachlässigung der Burg, die erst in jüngster Zeit nach umfassenden Restaurierungsarbeiten wieder zu ihren alten Formen gefunden hat.

Kunsthistorische Notizen: Abgesehen vom ganzen Bau, der sich durch seine untypische Gestalt von den anderen Burgen des Landes völlig unterscheidet und somit schon eine Sehenswürdigkeit darstellt, fällt neben einigen schön getäfelten Stuben im Inneren vor allem das marmorne Renaissance-Rundbogentor mit dem Wappen der Breisach von 1548 ins Auge.

Was ebenfalls einen Besuch lohnt: In Prissian startend kehrt man am besten gleich in der urigen Gastschenke »Bruggwirt« neben der alten Holzbrücke ein. Zu Fuß spaziert man zum Schloß und dann weiter nach Grissian zum St.-Jakobs-Kirchlein mit seinen romanischen Fresken. Gleich daneben liegt auch der Schmiedlhof, wo sich noch eine der inzwischen selten gewordenen Kegelbahnen im Freien – ohne Elektronik! – befindet. Wer noch Tatendrang verspürt, kann weiter durch den Wald bis nach St. Apollonia und nach Sirmian und über den Schmiedlhof wieder zurück nach Grissian wandern.

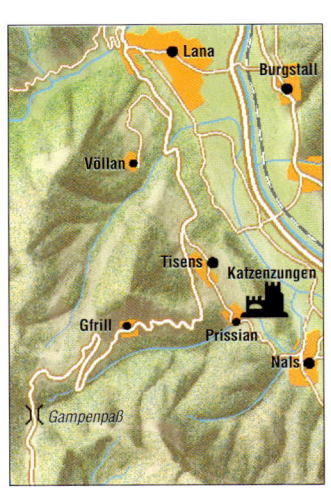

Überetsch, Bozen
und Südtiroler Unterland

Das Übeetsch bei St. Pauls: Weingärten, die Kirche von Missian und
die Ruine Boymont.

Maultasch

Lage: südlich von Terlan auf einem Felsenriegel.

Erreichbarkeit: kurze Wanderung zu Fuß von Terlan aus.

Das Besondere: Panoramablick über das Etschtal.

Wenn noch Zeit bleibt und gerade Spargelzeit ist, unbedingt in einem der vielen Restaurants in Terlan die berühmten Spargelgerichte kosten! Ansonsten bei einem »normalen« Essen den Terlaner Weißwein probieren.

17 Neuhaus (»Maultasch«)

Wo sich Margerethe Maultasch zuhause fühlte

Was uns erwartet: Die Ruine Neuhaus – oder Maultasch, wie sie im Volksmund heißt –, liegt auf einem weit ins Tal hinausragenden Felsblock südlich von Terlan. Der Standort ist sonnig und gewährt einen guten Ausblick weit über das Etschtal. Von der einst ausgedehnten Burganlage zeugt nur mehr der wuchtige Bergfried aus dem frühen 13. Jahrhundert. Ursprünglich reicht die Anlage bis ins Tal, wo sich das Klausengebäude befand, kleine Mauerreste neben der Straße sind davon übrig. Hier wurde der Verkehr auf der Meraner Straße kontrolliert.

Der Name Maultasch wird von der gleichlautenden, unfeinen Betitelung für die Landesfürstin Margarethe übernommen, die sich häufig auf Neuhaus aufhält.

Aus der Geschichte: Erstmalige Erwähnung findet Neuhaus 1228 als Besitz der Grafen von Tirol. Im 14. Jahrhundert wird sie zum zeit-

Wie eine Skulptur thront Schloß Neuhaus über Terlan; Luftaufnahme von Süden

Die Ruine, von Norden gesehen.

Einkehrtip

Oberspeiser
Klaus bei Terlan
☎ (04 71) 25 71 16
Ruhetag: März bis Ende Mai kein Ruhetag; ab Juni Samstag nachmittag und Sonntag geschlossen.
Öffnungszeiten: ganzjährig geöffnet.
Gastronomie: einheimische Küche; während der Spargelzeit Terlaner Spargel.
Platzangebot: 70 Sitzplätze; im Garten zusätzlich etwa 80 Sitzplätze.

weiligen Wohnsitz von Margarethe Maultasch, 1382–1559 kommt sie an die Herren von Niederthor, 1585–1733 an die Herren von Wolkenstein.

Die Burg wird unter ihren wechselnden Besitzern im Laufe der Jahrhunderte ausgebaut und verändert. Die erste Erneuerung findet 1320 statt, nachdem sie in den Kämpfen zwischen Meinhard II. und dem Bischof von Trient zerstört worden war. Zum Neubau gehören Palas – die Südmauer steht noch – und innere Vorburg. Im 16. Jahrhundert kommen die Burgkapelle, die äußere Vorburg und der Eckturm am Felsen dazu. Alle diese Erneuerungen sollen einen besseren Schutz vor Angreifern gewähren. Dennoch ist Neuhaus im 18. Jahrhundert bereits eine Ruine: der Zahn der Zeit …!

Unter den jetzigen Besitzern, den Grafen Enzenberg, finden wieder umfassende Restaurierungsarbeiten statt.

Kunsthistorische Notizen: Interessant scheint der Bergfried aus dem frühen 13. Jahrhundert, der außen eine fünf-, innen eine viereckige Form aufweist. Er war im dritten Geschoß bewohnbar und hat außer den Fenstern noch eine große bogenförmige Öffnung, durch die man noch heute in das Innere des Turmes gelangt.

Was ebenfalls einen Besuch lohnt: Die Ruine erreicht man am besten in einer kurzen Rundwanderung ausgehend von Terlan über den alten Burgweg und wieder zurück über den weniger steilen Margarethenweg. Dauer: etwa 1½ Std.

In Terlan lohnt sich ein Besuch der Pfarrkirche, welche über einen ausgedehnten Freskenzyklus der Bozner Schule aus dem 15. Jahrhundert verfügt.

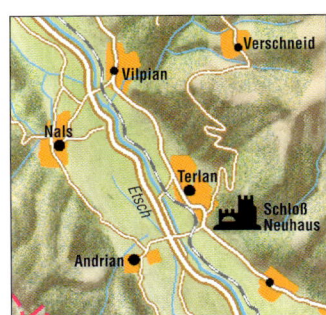

Greifenstein

Lage: über Siebeneich auf einem steilen Felsen.

Erreichbarkeit: von Siebeneich über einen steilen, alten Plattenweg; von Moritzing über Glaning in 2 Std.

Das Besondere: die ausgesetzte, schwindelerregende Lage über der Talsohle.

18 Greifenstein (Sauschloß)

Hoch über dem Etschtal

Was uns erwartet: Hoch über der Talsohle erhebt sich auf einem steilen, abschüssigen Felshang Burg Greifenstein. Die heutige Ruine war einst eine ansehnliche Burganlage mit offenem Burghof, Palas und Kapelle. Die Mauerreste der ausgedehnten Vorburg sind noch zu erkennen.

Greifenstein liegt fast direkt über Siebeneich, von wo aus ein steiler, exponierter Steig hinaufführt. Besser und weniger anstrengend zu erreichen ist die Burg über Jenesien.

Aus der Geschichte: Greifenstein wird 1159 erstmals urkundlich erwähnt. 1166 kommt die Burg als Lehen des Bistums Trient an die Grafen von Eppan, 1265 an die Grafen von Görz-Tirol, jedoch mit den darauf residierenden Ministerialen von Greifenstein. Greifen-

Hoch über dem Talgrund liegt das »Sauschloß«; am Fuß des Hanges der Cornellhof in Siebeneich.

Einkehrtip

Gasthof Noafer,
Unterglaning, Jenesien,
☎ (0471) 26 65 39
Öffnungszeiten: von September
bis Ende Mai, Dienstag Ruhetag.
Platzangebot: zwei Stuben
(60 Plätze), Terrasse (60 Plätze).
Ambiente: schöne, sehr alte
getäfelte Bauernstube.
Gastronomie: bäuerliche Küche.
Empfehlungen: Tiroler Knödel,
Kasknödel, Hauswurst, Rippelen,
hausgemachter Speck; im Herbst
gebratene Kastanien; Eigenbauweine.

stein erlebt eine turbulente Zeit, wird zerstört und 1334 wieder
aufgebaut, 1359 abermals zerstört und 1363 neu errichtet.
1424 im Aufstand des Adels gegen Herzog Friedrich wird Greifenstein belagert, doch zieht Friedrich unverrichteter Dinge wieder
ab, was in der damaligen Geschichtsschreibung keinen Nieder-
schlag findet. Eine Erklärung für die Niederlage bietet eine Sage,
der Greifenstein auch seinen Namen »Sauschloß« verdankt: Nachdem die Belagerung bereits einige Zeit andauerte warfen die
Burgbewohner den Angreifern eine ansehnliche Sau buchstäblich
vor die Füße. Somit schien das Ziel des Aushungerns noch lange
nicht erreichbar zu sein, und die Streitmacht zog ab. Die lstige
Burgbesatzung, die ihr letztes Schwein geopfert hatte erliegt aller-
dings einer zweiten Belagerung 1426.
Der Widerstand des Adels im Kampf um Privilegien ist gebrochen.
Greifenstein bleibt Trienter Lehen des Landesfürsten und verfällt
Anfang des 17. Jahrhunderts.
Aus der Urgeschichte/kunsthistorische Notizen: Der gewaltige Burgfelsen
ist schon in prähistorischer Zeit besiedelt, wovon Funde aus der
Jungsteinzeit und der Eisenzeit zeugen. Auch eine Besiedlung zur
Zeit der römischen Besatzung ist nachgewiesen.
Interessant an der Ruine sind die tiefen Schießscharten in der Tor-
mauer, die Fenster und Seitensitze an der südlichen Ringmauer,
die Zinnenmauer und die Ruine der Burgkapelle.
Was ebenfalls einen Besuch lohnt: Am besten erreicht man Greifenstein über Glaning auf dem uralten, teils gepflasterten Weg. Man
geht durch Busch- und Eichenwald und hat einen wunderbaren
Ausblick auf die Glaninger Erdpyramiden.
Zurück führt der Weg über den Gasthof »Noafer« in Unterglaning,
wo man sich bei Rippelen und Hauswürsten ordentlich stärken
kann.

19 Hocheppan

Vergänglichkeit von Herrschermacht

Was uns erwartet: Mächtig und kraftvoll erhebt sich über steil abfallenden Felswänden die ausgedehnte Burganlage von Hocheppan. Der Charakter der Wehrhaftigkeit wird nicht nur durch die Lage, sondern vor allem durch den wuchtigen und gewaltigen Gesamtbau der Burg deutlich: aus dem frühem 12. Jahrhundert ein hoher, außen fünfeckiger Bergfried, der im untern Drittel voll ausgemauert ist, der Palas mit Zinnenmauern und Rundbogenfenstern, ebenso eindrucksvoll und mächtig in seiner Konzeption – heute noch, obwohl nicht mehr vollständig erhalten –, der Wohnturm, aus dem 16. Jahrhundert zwei viereckige Türme und das offene Rondell, ein Zwinger und die Ringmauern, dazu die Burgkapelle. Zur Anlage gehört noch ein Kreideturm – auf ihm wurden im Fall von Angriffen weithin sichtbare Leuchtfeuer abgebrannt – auf einem Hügel unterhalb der Burg, der den Burgweg zu sichern hatte.

Die Macht der Grafen zeigte sich in der monumentalen Form der Burg, doch beides war nicht von Dauer.

Aus der Geschichte: Der Kern der Anlage, Bergfried und Palas, wird um 1120 von Graf Ulrich II. von Eppan erbaut, ungefähr zeitgleich mit Schloß Tirol. Die Eppaner Grafen, urkundlich erwähnt seit 1116, Lehensträger des nördlichen Teiles der Grafschaft Trient, sind auch die stärksten Rivalen der Tiroler im jahrelangen Kampf um die Fürstenwürde. 1158 überfallen und berauben sie Kurienkardinäle von Papst Alexander III. auf dem Weg zu Kaiser Friedrich Barbarossa. Die folgende Strafexpedition durch Heinrich den Löwen leitet den machtpolitischen Niedergang des Geschlechtes ein. Die beiden letzten Eppaner werden Geistliche, und Egno von Eppan, Fürstbischof von Trient, bleibt nichts anderes übrig, als 1253 die Tiroler mit der Vogtei über das Bistum und die Erblehen der Eppaner zu belehnen.

Die Burg geht bereits 1250 an die Herren von Taufers und Enn, 1315 wird sie landesfürstlich und als Lehen an verschiedene Geschlechter weitergegeben. Seit 1911 ist sie im Besitz der Grafen Enzenberg, die in Zusammenarbeit mit dem Denkmalamt Restaurierungsarbeiten durchführten.

Kunsthistorische Notizen: Ein besonderes Kunsterlebnis bietet die Burgkapelle, die mit prächtigen Wandmalereien aus der Zeit um 1200 ausgestattet ist. Die Fassade zeigt die älteste Darstellung

Schloß Hocheppan, Stammsitz der Grafen von Eppan, die im Streit um die Macht im Land den Grafen von Tirol unterlagen. Im Hintergrund der Bozner Talkessel und der Rosengarten.

des hl. Christophorus – sie datiert um 1160 –, die Langhauswand einen Ritter mit zwei Hunden, der einen Hirschen jagt, über dem Portal eine Kreuzigungsgruppe. Die Wandmalereien im Innern weisen einen starken byzantinischen Einfluß auf, scheinen jedoch nicht das Werk nur eines Malers zu sein, was sich in der unterschiedlichen Maltechnik äußert. Dargestellt werden Begebenheiten aus der Heilsgeschichte mit zuweilen recht volkstümlichen Details. So verdient die knödelkochende und -verzehrende Magd besondere Beachtung, wie auch der eifrig eine Wurst essende Gast bei der Hochzeit zu Kanaan.

Laut Nicolò Rasmo stellt der Zyklus »eines der bedeutendsten Ensembles romanischer Wandmalerei in Europa dar, und zwar sowohl in Hinblick auf ikonographischen Reichtum und vorzüglichen Erhaltungszustand als auf die außergewöhnliche malerische Qua-

Einkehrtip

Schloß Boymont
St. Pauls
Kein ☎
Ruhetag: kein Ruhetag.
Öffnungszeiten: Anfang April bis
Anfang November.
Gastronomie: warme Getränke
und Speck, Käse, Wurst.
Platzangebot: nur im Freien.

Zur Rose
Eppan
☎ (04 71) 66 22 49
Ruhetag: Sonntag und Montag
Mittag.
Öffnungszeiten: Juli geschlos-
sen.
Gastronomie: kreative Küche.
Platzangebot: ca. 50 Sitzplätze.

lität.« Weiters: »Ein hochentwickeltes expressives Feingefühl und geistvolles Erfassen der Charaktere und Stimmungen äußern sich in der erfinderischen Ausgestaltung traditioneller Bildthemen.«
Was ebenfalls einen Besuch lohnt: Hocheppan kann im Rahmen einer »Burgenrunde« erwandert werden. Ausgangspunkt ist Schloß Korb oberhalb von Missian. Das heutige Hotel stammt aus dem 19. Jahrhundert, geht aber in seinen Ursprüngen ins 13. Jahrhun-

Auf einem Felssporn, gleich einem Adlerhorst, liegt das Schloß. Blick nach Norden.

dert zurück. Durch schönen Laubwald geht es weiter bis zur Burg Boymont aus dem 13. Jahrhundert, inzwischen Ruine, aber mit Jausenstation, und schließlich nach einem steilen Wegstück hinauf bis zu Schloß Hocheppan. Hier findet sich innerhalb der Schloßmauern auch eine Gaststätte, die aber nicht von der Besichtigung der Burgkapelle abhalten soll (Gesamtgehzeit 3–4 Stunden, leicht und ungefährlich).

20 Boymont und Korb

Klassische Burgenwanderung

Was uns erwartet: Wem die Rundwanderung über Hocheppan nicht zusagen sollte, kann Schloß Korb und Boymont auch bequemer erreichen. Mit dem Auto gelangt man direkt bis Korb und wandert anschließend in einer Viertelstunde nach Boymont.

Schloß Korb liegt südwestlich von Missian auf einer Anhöhe. Es besteht aus einem fünfstöckigen, viereckigen Turm mit Zinnen und einem Pyramidendach. Dieser Turm gehört zur ursprünglichen Anlage, alle anderen Bauelemente sind jüngeren Datums.

Boymont, eine ausgedehnte Burgruine, liegt auf einem flachen, leicht zugänglichen Waldstück oberhalb Missian. Auffallend ist der regelmäßige viereckige Grundriß. Relativ gut erhalten sind der Palas mit acht Rundbogenfenstern, zwei Wohnbereiche, zwei Türme und die Burgkapelle über dem Burgtor. Vom Standort und von der Bauweise her handelt es sich also in keiner Weise um ein Bauwerk, das vor Angriffen schützen soll, sondern um eine großangelegte Wohnanlage mit repräsentativem Charakter.

Aus der Geschichte: Schloß Korb wird um 1236 von den Herren von Korb gebaut, einem Ministerialengeschlecht der Grafen von Eppan-Ulten. Seit dem 14. Jahrhundert kommt es als landesfürstliches Lehen an verschiedene Adelsfamilien, bis es 1834 unter Johann von Putzer durch einen zinnenbesetzten Wohnbau, der den Turm umschließt, erweitert wird.

Seit 1918 im Besitz der Familie Dellago, ist es heute ein modernes Hotel mit Restaurant.

Boymont wird um 1235 erbaut durch die Grafen von Eppan und kommt als Lehen an die Herren von Boymont und von Korb. 1413 gelangt es durch Erbschaft in den Besitz von Ulrich Kässler, Sekretär von Herzog Friedrich mit der leeren Tasche. In einem Erbstreit wird die Anlage 1425 durch Brandstiftung zerstört und nicht wieder aufgebaut. Erst 1977 finden durch den damaligen Besitzer Fritz Dellago Restaurierungsarbeiten statt.

Kunsthistorische Notizen: Erhalten am ursprünglichen Wohnturm von Schloß Korb sind die gekuppelten Rundbogenfenster. Die Trennungssäule schließt mit Knospenkapitell und Blendbogen. Im 4. und 5. Stockwerk befinden sich Teile der alten Kamine.

Sehenswert sind auch die dreiteiligen, gekuppelten Rundbogenfenster im Palassaal von Boymont, die die schmalen, wenig Licht

Rundbogenfenster in der Ruine
Boymont.

Einkehrtip

Wieserhof
Perdonig 29, Eppan,
☎ (0471) 662376
Öffnungszeiten: von März bis
Ende November, Mittwoch Ruhetag.
Platzangebot: Speisesaal und
kleine getäfelte Stube für 60 Personen, zwei Terrassen für ca.
45 Personen. Vormerkung für das
Wochenende nötig.
Gastronomie: Tiroler Küche.
Empfehlung: Gerstsuppe, Sur-
fleisch, im Herbst gebratene Kastanien.

Pichlerhof
Perdonig 9, St. Pauls-Eppan,
☎ (0471) 662255
Öffnungszeiten: ganzjährig,
Dienstag Ruhetag.
Platzangebot: zwei Stuben und
eine geschloßene Veranda für
60 Personen, großer Garten für
60 Personen.
Ambiente: gemütliche Atmo-
sphäre.
Gastronomie: Tiroler Küche.
Empfehlungen: Selchkarree mit
Kraut, schwarzplentene Knödel,
gebratene Kastanien im Herbst.

spendenden Öffnungen in den Mauern der Wehrbauten ablösen.
Beachtenswert sind ebenfalls die Bogenöffnung des Hauptturmes
und der runde Stützpfeiler im Keller.
Was ebenfalls einen Besuch lohnt: Von Boymont kann ein Ausflug zur
kleinen Burg Festenstein in Perdonig unternommen werden. Perdonig ist eine Bergfraktion von Eppan und kann zu Fuß auch von
Schloß Hocheppan erreicht werden.
Von Perdonig aus kann man zahlreiche Rundwanderungen unternehmen oder im Wieserhof, einem über 400 Jahre alten Bauern-
hof, einkehren. Zu den typischen Tiroler Gerichten gibt es Eigenbauwein und selbstgemachten Apfelsaft.

i

Sigmundskron

Lage: südwestlich von Bozen auf einem Felshügel.

Erreichbarkeit: von Frangart zu Fuß oder mit dem Auto bis zum Parkplatz und dann wenige Minuten zum Schloß.

Öffnungszeiten: die Ruine kann das ganze Jahr über besichtigt werden, ebenso der darin untergebrachte Gastbetrieb.

Das Besondere: Flair einer mittelalterlichen Hochfestungsanlage.

Wenn noch Zeit bleibt: ein paar der zahlreichen Jausenstationen und Weinkeller der Umgebung besuchen.

21 Sigmundskron

Schloß-Geist, einmal anders

Was uns erwartet: Südwestlich von Bozen auf einem Porphyrfelsen erhebt sich die imposante Befestigungsanlage von Sigmundskron. Die ausgedehnte Burgruine, die im Etschtal weithin sichtbar ist, besteht aus einem ursprünglichen Teil aus dem 12./13. Jahrhundert (Kernburg mit Kapelle, Wohnturm, Viereckturm) und den Zubauten von 1473 (Ringmauer, Torturm, Rundturm, 2 Eckrondelle). Ein Teil der Ruinen wird bei einer Militärsprengung 1943 weiter zerstört.

Heute kann man in den verfallenen Gemäuern herumspazieren, Mittelalteratmosphäre nachempfinden und das Restaurant besuchen, das im ehemaligen Wirtschaftsgebäude untergebracht ist.

Aus der Geschichte: Reste einer rätischen Wallburg in der näheren Umgebung von Schloß Sigmundskron erhärten den Schluß, daß der Ort schon in vorgeschichtlicher Zeit besiedelt war.

956 wird eine Befestigungsanlage namens »Formincaria« – Formigar – erwähnt. Sie ist im Besitz der Bischöfe von Trient, für die sie einen Stützpunkt ihrer Herrschaft im Etschtal bedeutet. Zudem stellt sie wegen der Kontrolle über die Schiffahrt hier am Zusammenfluß von Eisack und Etsch eine wichtige Einnahmequelle dar. Verwaltet wird die Burg über Kastellane, aus denen die späteren

Schloß Sigmundskron.

Grafen von Firmian hervorgehen. Die Bischöfe nutzen Sigmunds-kron als Aufenthaltsort zur Zeit der hohen Gerichtsversammlungen im Tal, weshalb die Burg im 12. und 13. Jahrhundert erweitert und ausgestaltet wird.

Ein weiterer Umbau erfolgt nach der Inbesitznahme durch Herzog Sigmund von Tirol. Die Burg erhält ihr jetziges Aussehen und wird zur damals modernsten und den neuen Pulverwaffen am besten angepaßten Befestigungsanlage der ganzen Umgebung. Man bedenke, daß die Mauern der südlichen Vorburg eine Dicke von immerhin 5 Metern aufweisen!

Die Anlage bekommt einen neuen Namen: Sigmundskron – die Krone unter den zahlreichen Schlössern Sigmunds.

Sigmund der Münzreiche, wie er aufgrund seiner prunkvollen Hofhaltung und seiner Großzügigkeit – bei öffentlichen Auftritten liebte er es, Silbermünzen ins Volk zu werfen – genannt wird, ist bekannt wegen seiner Münzreform; sein Silbertaler gilt jahrhundertelang als internationale Leitwährung. Seinen Reichtum schöpft er aus den zahlreichen Silberbergwerken Tirols, dennoch gelingt es ihm nicht, bei seiner Abdankung mehr als ein finanziell ruiniertes Land zurückzulassen. Ein Großteil der Einnahmen durch Gerichte, Zölle, Steuern und Bergwerke muß an ausländische Geldgeber abgeliefert werden. Sigmundskron wird verpfändet, hat verschiedene Besitzer und verfällt im Lauf der Zeit.

Doch dann der »Geist von Sigmundskron«: Im Jahre 1957 wird die Anlage zum Schauplatz einer berühmt gewordenen Volkskundge-

Die große Anlage wurde von zwei Seiten von der Etsch geschützt, die am Fuß des Hügels vorbeifließt.

69

Einkehrtip

Jausenstaion Sigmundskron
innerhalb der Schloßruine
☎ (04 71) 63 31 45
Öffnungszeiten: ganzjährig,
Montag bis Dienstag Nachmittag
Ruhetag.
Platzangebot: 90 Plätze in drei
Räumen, Vormerkung für das
Wochenende erforderlich.
Gastronomie: Spezialität ist das
Brotzeit-Buffet; Kastanien im
Herbst.

Wolfhof
Schreckbichl 31, Girlan
☎ (04 71) 66 45 96
Öffnungszeiten: Ostern bis
November, Montag Ruhetag.
Platzangebot: 30 Plätze in der
Kellerstube, 40 in der überdach-
ten Laube und 30 unterm Nuß-
baum. Vormerkung am Wochen-
ende erforderlich.
Gastronomie: gute Tiroler
Küche, Kastanien im Herbst.

bung: 35 000 Südtiroler protestieren unter dem Motto »Los von
Trient!« gegen die Nichterfüllung des Pariser Vertrages, Teil des
Friedensvertrages zwischen den Allierten und Italien nach dem Ersten Weltkrieg, der besondere Maßnahmen für die deutsche Volks-
gruppe vorsieht. Mit dem Pariser Vertrag ist der Grundstein zur
erst viel später verwirklichten Autonomie Südtirols gelegt worden.
Kunsthistorische Notizen: Im alten Bestand aus dem 13. Jahrhundert
sticht besonders der Wohnturm mit der Rundbogentür hervor,
schön auch das einfache und das dreiteilige Rundbogenfenster
mit Blendarkaden.
Der Umbau durch Sigmund ist gekennzeichnet durch sorgfältige
Steinmetzarbeit, schließlich sollte das Schloß zum Prachtbau der

Sigmundskron: Von allen Seiten gut sichtbar ist die Wehrmauer, die noch zur Gänze erhalten ist. Im Hintergrund der Eingang zum Sarntal; am linken Bildrand die Ruine Rafenstein.

damaligen Zeit werden. Interessant sind auch die Schießscharten, die durchwegs verschiedene Formen haben.

Was ebenfalls einen Besuch lohnt: Der Besuch von Sigmundskron kann mit einer ausgedehnten Wanderung nach Girlan zum Montiggler Wald und den dortigen Seen verbunden werden (Wanderweg Nr. 1; ca. 3 Std.). Man geht durch Weinberge, vorbei an Jausenstationen, die in dieser Gegend einen guten Ruf genießen; so z. B. der Marklhof, der einen wunderbaren Etschblick bietet, oder der Wolfhof in Schreckbichl, ein ganz typischer Weinhof des Überetsch, wo noch selber eingekellert wird. Schließlich gibt es auch auf Schloß Sigmundskron eine Jausenstation, die den Gästen im Rittersaal und in gewölbten Kellern ein besonderes Brotzeit-Buffet bietet.

22 Runkelstein

Modenschau als Fresko

Was uns erwartet: Am äußersten Rand eines steil abfallenden Felsblocks nördlich von Bozen am Ausgang des Sarntals liegt Schloß Runkelstein. Die Burg, die der Sicherung der Stadt dienen soll, wird im 13. Jahrhundert gegründet und wirkt in dieser Bauphase zwar »stark, aber schlicht« (Hörmann-Weingartner). Im 14. Jahrhundert wird Runkelstein durch einen Nordtrakt mit offener Halle und das sogenannte Sommerhaus erweitert.

Voll Atmosphäre ist der malerische Burghof, der in seiner Konzeption die verschiedenen Bauphasen nicht erkennen läßt. Berühmt wegen seiner außerordentlichen Fresken wird Runkelstein auch von den deutschen Romantikern gern besucht und besungen.

Aus der Geschichte: 1237 erhalten die Brüder Friedrich und Beral von Wangen vom Bischof von Trient die Erlaubnis zum Bau der Burg, die in ihrer Ursprungsphase aus zwei Wohngebäuden, die von einem Mauerring umgeben sind, besteht. Runkelstein wird im Streit zwischen Meinhard II. und dem Bischof von Trient 1277 belagert. Die Besitzer wechseln in der Folgezeit häufig, Verfallserscheinungen treten auf, bis 1385 Niklas Vintler die Burg übernimmt und wieder aufbaut. In dieser Zeit entsteht auch der Nordtrakt mit den viel gepriesenen Wandmalereien. Im 15. Jahrhundert erfolgt eine weitere Befestigung durch Herzog Sigmund, doch 1520 wird die Burg durch eine Pulverexplosion stark beschädigt und fortan dem Verfall preisgegeben. Erst im 19. Jahrhundert erfolgt auf Anordnung Kaiser Franz Josephs eine erneute Restaurierung. Der Kaiser schenkt Runkelstein der Stadt Bozen, die in jüngster Zeit immer wieder Renovierungen und Instandhaltungsarbeiten durchgeführt hat.

Kunsthistorische Notizen: Internationales Ansehen genießen die vielfältigen Wandmalereien, die den größten Zyklus profaner Malerei des Mittelalters darstellen.

Im Palas finden sich Turnierszenen, die von feinen Edeldamen aufmerksam verfolgt werden, Ritter und Edelfräulein beim Tanz und beim Ballspiel, trotz ihrer Beschädigung noch bewegende Jagdszenen und parallel gegenüber Menschen beim Fischfang.

Im »Badesaal« beobachten Edelleute von ihrer Galerie aus nackte Männer; im nächsten Saal sehen wir wieder Turnierszenen und Paare im Gespräch miteinander.

72

Schloß Runkelstein am Eingang zum Sarntal.

Alle Darstellungen zeichnen sich durch harmonische Farben und fließende Linienführung aus und geben mit viel Liebe zum Detail Aufschluß über die neuesten Modefeinheiten der mittelalterlichen *haute couture*. Ein buntes und vielfältiges Angebot!

Im »Sommerhaus« finden sich Szenen aus Ritterromanen, Helden der Antike (beispielsweise Caesar), jüdische Helden, christliche Könige, Figuren aus der Ritterepik, Riesen und Zwerge ...

Insgesamt bietet Runkelstein ein beeindruckendes Bild und ist nicht nur – aber besonders – für Liebhaber der mittelalterlichen Freskenmalerei ein Hochgenuß.

Was ebenfalls einen Besuch lohnt: Für Wanderungen ist die Gegend nicht so gut geeignet wie z. B. das Überetsch, deshalb und weil in Runkelstein ja wirklich viel zu sehen ist und man auch mit Kultur nicht zu verschwenderisch umgehen soll, schlage ich vor, den restlichen Tag mit einem Einkaufsbummel in der Bozner Altstadt/Fußgängerzone zu verbringen.

Der Besuch von Runkelstein kann aber mit einem halbstündigen Spaziergang, ausgehend von der Talstation der Jenesien-Bergbahn, verbunden werden.

Einkehrtip

Gasthaus Rafenstein,
bei der Ruine Rafenstein (oberhalb von Bozen)
☎ (0471) 971697
Ruhetag: Dienstag.
Öffnungszeiten: Juli und August geschlossen.
Gastronomie: Hausmannskost.
Platzangebot: ca. 50 Sitzplätze.

Gasthaus Kellermann
Bozen
☎ (0471) 976146
Ruhetag: Sonntag.
Öffnungszeiten: Ende Juni bis Anfang November geschlossen.
Gastronomie: Südtiroler Küche.
Platzangebot: ca. 60 Sitzplätze.

23 Maretsch

Kongreßzentrum inmitten von Weinbergen

Was uns erwartet: Ein Spaziergang über die Promenade der mittelalterlichen Bozner Wassermauer, die vor Überschwemmungen durch die Talfer schützen sollte, führt zu dem von Weingärten umgebenen und doch mitten in der Stadt gelegenen Schloß Maretsch. Es handelt sich dabei um eine regelmäßige, quadratische Anlage aus dem 13. Jahrhundert, die später mit Ringmauern und Eckrondellen umgeben wird.

Schloß Maretsch wird heute als Kongreßzentrum genutzt, im Schloßhof befindet sich ein Restaurant, im gotischen Keller eine Taverne.

Aus der Geschichte: Schloß Maretsch wird im 13. Jahrhundert von den Herren von Maretsch, einem tirolischen Ministerialengeschlecht, gebaut. Die heutige Form und Größe wird ihm aber erst im 16. Jahrhundert durch die Herren von Römer gegeben, die die Burg zu einem repräsentativen Wohnsitz umgestalten. Der Umbau und die Ausschmückung der Räume sollen die antiken Wurzeln des Geschlechts der Römer(!) veranschaulichen.

Im 17. und 18. Jahrhundert befindet sich das Schloß im Besitz der Grafen Thun, seit 1977 ist es Kongreßzentrum der Kurverwaltung Bozen.

Kunsthistorische Notizen: Von kunsthistorischem Interesse ist die Ausgestaltung der Räume durch die Gebrüder Römer, die im Dienst der Selbstdarstellung der eigenen Familie steht, ganz im Sinne der Renaissance. Balkendecken werden bemalt, Fresken zieren die Wände. Wir finden biblische Szenen, allegorische Figuren, die vier Kardinaltugenden und die sieben freien Künste, Szenen aus der klassischen Sagenwelt wie aus der antiken Geschichte. Kurz, der Freskenzyklus von Maretsch zählt zu den bedeutendsten der Spätrenaissance in Tirol.

An die Bauherren, die vier Brüder Römer, erinnern Wappensteine aus Marmor an den Rondellen.

Vom nächsten Besitzer, Maximilian Hendl, stammt das Hauptportal mit der Rosetten- und Granatbuckeldekoration.

Was ebenfalls einen Besuch lohnt: Man kann einen Spaziergang durch Bozen machen und dabei besonderes Augenmerk auf die verschiedenen historischen Bauten der Stadt richten. Ausgehend von Schloß Maretsch gelangt man zunächst zur Gerstburg, einem ma-

Maretsch: Umgeben von Weinbergen liegt das Schloß heute idyllisch am Rand der Bozner Altstadt.

lerischen Ansitz aus dem Mittelalter, weiter zu Schrofenstein aus dem 13. Jahrhundert (Vintlergasse 2) und zu Weggerstein (Anfang 13. Jh.) neben der Georgskirche. Nun geht es wieder zurück ins Zentrum über die Bindergasse, Engelsburg und Mondschein, zum Rathausplatz, Plärrerturm, zum Waltherplatz und weiter zum Dom.

75

24 Haderburg

Auch Raubritter hatten Schlösser

Haderburg *i*

Lage: hoch über Salurn auf einem Felsblock.
Erreichbarkeit: Nur der Vorhof ist auf einem steilen Steig zu erreichen.
Das Besondere: die wildromantische Lage.
Wenn noch Zeit bleibt: Salurn besichtigen, oder einen Ausflug nach Buchholz oder Gfrill unternehmen.

Was uns erwartet: Hoch auf einem steil vor der dunklen Geierwand aufragenden Felsblock erhebt sich die Haderburg. Von Salurn aus ist nur der Vorhof in einem mühsamen Anstieg zu erreichen – weiter zu gehen wäre zu gefährlich, kein gefestigter Weg führt durch das Kalkgestein. Auf mich wirkt die Burg abweisend und unwirtlich, was durch den Umstand, daß in den Wintermonaten kaum ein Sonnenstrahl die Anlage erreicht, noch verstärkt wird. Dennoch hat die Burg zahlreiche illustre Gäste beherbergt, so auch Philipp Melanchton im Jahre 1551.

Von ihrer hohen Warte aus kontrollieren die Burgherren den Verkehr, der sich durch das Tal zieht, kassieren Schutzgelder, starten vielleicht auch einmal einen Beutezug.

Die Anlage entsteht in verschiedenen Bauphasen: Aus dem 13. Jahrhundert datiert die Kernburg mit dem Bergfried, dem Wohntrakt und den niederen Zinnenmauern. Im 14. Jahrhundert kommt die Vorburg dazu und im 16. Jahrhundert die Erweiterung mit Zinnenmauern, Rondellen und Bastionen zur Verteidigung vor den neuen Pulverwaffen.

Aus der Geschichte: Die Haderburg wird 1222 als tirolischer Lehensbesitz des Ruprecht von Salurn erwähnt. 1229 scheinen die Herren Gralant als Besitzer auf und 1284 Meinhard II. von Görz-Tirol. Mitte des 14. Jahrhunderts wird die Burg in den Kriegen zwischen den beiden Gatten Margarethe Maultaschs belagert, eingenommen und teilweise zerstört. Bei den Wiederherstellungsarbeiten entsteht auch die Vorburg, die aber nicht mehr wie die ursprüngliche Kernburg aus massiven Porphyrblöcken besteht. Die Umbauarbeiten im 16. Jahrhundert unterscheiden sich ebenfalls von den vorigen Bauphasen: Mauerwerk aus Dolomitschutt mit viel Mörtel gebunden (Martin Schweiggl). Der Zugang zur Burg wird noch komplizierter, eine Reihe von Toren und eine Zugbrücke versperren den Weg zum Innenhof.

In der Tat wird die Burg nicht durch Feinde zerstört: Der Zahn der Zeit tut das Seinige. 1964 setzen die Restaurierungsarbeiten ein.

Kunsthistorische Notizen: Beachtung verdienen die Porphyrsteine der ersten Bauphase. Wenn man bedenkt, daß sie den steilen und mühsamen Weg vom Dorf zur Burg heraufgeschleppt worden sind, so ist der Aufwand heute kaum mehr vorstellbar!

In unzugänglicher Lage befindet sich die Haderburg oberhalb von Salurn

Was ebenfalls einen Besuch lohnt: Die Ortschaft Salurn an der Sprachgrenze zum Italienischen ist auf alle Fälle sehenswert: Zahlreiche Herrschaftshäuser aus der Renaissance und der Barockzeit fügen sich ins Straßenbild.

Ein netter Ausflug führt vom nahegelegenen Buchholz nach Gfrill (5 km) und über den Bergerhof und die Mühle wieder zurück. Einkehrmöglichkeiten gibt es sowohl in Buchholz als auch in Gfrill.

Einkehrtip

Restaurant Perkeo
Buchholz
☎ (0471) 889069
Ruhetag: Montag.
Öffnungszeiten: im Januar geschlossen.
Gastronomie: internationale Küche.
Platzangebot: ca. 60 Sitzplätze.

Eisacktal und Dolomiten

Schloß Reifenstein, südlich von
Sterzing auf einem Hügel gelegen.

79

Prösels *i*

Lage: umgeben von Busch- und Laubwald auf einem Bergrücken unterhalb des Schlerns.
Erreichbarkeit: Zufahrt 6,5 km ab Blumau an der Brennerstraße, zu Fuß ebenfalls von Blumau in einer 2½stündigen Wanderung.
Öffnungszeiten: Besichtigung mit Führung außer Montag, 1. April–31. Mai jeweils um 11, 14 und 15 Uhr; 1.–30. Juni: jeweils um 11, 14, 15, 16 Uhr; 1. Juli–30. August jeweils um 10, 11, 15, 16, 17 Uhr; 1. September–31.Oktober jeweils um 11, 14, 15, 16 Uhr; ab November nur nach Vereinbarung. Kuratorium: ☎ 0471/601062 oder 971870.
Das Besondere: gut erhaltene Wehrburg nach maximilianischem Vorbild.
Wenn noch Zeit bleibt: Einkehr beim Prösler Hof in Prösels.

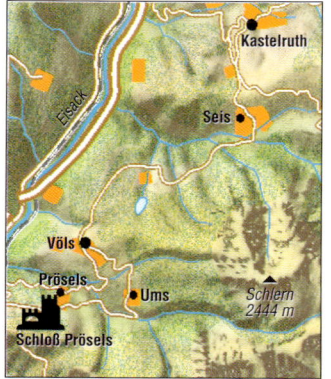

25 Prösels

Einst Ziel des Bauernaufstandes

Was uns erwartet: Direkt gegenüber dem Dorf Völs am Schlern liegt auf einem vorgeschobenen Bergrücken vor der großartigen Kulisse des Schlerns Schloß Prösels – eine stattliche, gut erhaltene Anlage mit Ringmauern, zahlreichen Türmen und Rondellen, welche die Kernburg umgeben. Die Wohnbauten sind um einen malerischen Burghof angeordnet. Die Kapelle, steht frei im Hof.

Der älteste Teil der Burg, dazu gehört der auf einem nahen Hügel stehende Wehrturm, dürfte im 13. Jahrhundert anzusetzen sein. Der Umbau zum mächtigen, wehrhaften Schloß, wie es sich heute darbietet, erfolgt 1517/18 durch Leonhard von Völs und steht im Zeichen Kaiser Maximilians, was auch sein Wappen belegt, das auf zwei Toren aufscheint.

Zu erreichen ist Schloß Prösels in einer 2½stündigen Wanderung von Blumau aus, oder in einer insgesamt 3 Stunden dauernden Rundwanderung von Völs (Markierung 6, dann Abzweigung U) über Ums (Markierung 3 bis zum Schlernbach, dann 3/6) zum Schloß und über Weg Nr. 5 wieder zurück.

Aus der Geschichte: 1244 und 1279 als *castrum presils* erwähnt und im Besitz der Brixner Ministerialen von Völs, geht die Burg 1290 an die Grafen von Görz-Tirol. 1517/18 wird sie von Leonhard d. Ä. von Völs zur jetzigen Form umgebaut und bleibt im Besitz der Herren von Völs bis 1804.

Leonhard von Völs, der sich durch militärische Tüchtigkeit und Heiratspolitik ein beachtliches Vermögen anhäuft, preßt aus seinen Untertanen über Grundzinse, Enteignungen usw. das Übrige dazu. So wird 1525 Völs ein Zentrum des Bauernaufstandes, der durch die Hinrichtung eines Bauernanführers in Brixen am 9. Mai 1525 ausgelöst wird. Die Leibeigenschaft galt in Tirol zwar als abgeschafft, die Bauern waren aber durch hohe Jahreszinsen, Geldabgaben oder Arbeitsdienste unterdrückt. Der Aufstand verbreitet sich in ganz Tirol, Klöster und Burgen werden geplündert, Schloß Prösels besetzt, Urbarbücher, welche die Verpflichtungen der Bauern auflisteten, vernichtet. Einer der Anführer der Bauern, Michael Gaismair, ist der ehemalige Geheimschreiber des Leonhard von Völs. Der Innsbrucker Bauernlandtag beschließt ein reformierte Landesordnung, auf die der Landesfürst zum Schein eingeht. Gaismair, der nach Innsbruck kommt, wird festgenommen, flieht in die

Blick auf Schloß Prösels; im Hintergrund Völs am Schlern.

Schweiz und veröffentlicht dort 1526 seine »Tiroler Landesordnung«. Mittlerweile ist der Bauernaufstand aber blutig niedergeschlagen und eine gut kooperierende weltliche und kirchliche Repression machen Tirol zur konservativen Insel, die es bis heute geblieben ist.

Kunsthistorische Notizen: Malerisch ist der kleine Burghof mit der Freitreppe, dem spätgotischen Arkadengang und den Resten von Wandmalereien und vor allem dem wendeltreppenartigen Treppenturm.

Sehenswert ist auch die Holzdecke im Saal des ersten Stockwerks, oder die freistehende Burgkapelle, welche die spielerische Seite der Spätgotik veranschaulicht.

Was ebenfalls einen Besuch lohnt: Nach der Schloßbesichtigung könnte man einen kleinen Abstecher zum Fronthof in der Völser Aicha machen. Der Fronthof steht unter Denkmalschutz, besitzt eine alte, getäfelte Stube mit Ofen und lädt zu einer warmen Bauernmahlzeit ein.

Einkehrtip

Fronthof
Völser Aicha 5, Völs am Schlern,
☎ (0471) 601091.
Öffnungszeiten: von September bis Weihnachten.
Platzangebot: 50 Personen in getäfelter Stube.
Ambiente: Bauernbuschen.
Gastronomie: bäuerliche Küche;
Empfehlung: Speck, Würste (hausgemacht!).

26 Hauenstein

Minnesängers Zuhause

Lage: südlich von Seis auf einem Dolomitblock.

Erreichbarkeit: in ¾ Std. Gehzeit auf schattigen Wegen durch den Wald.

Öffnungszeiten: Die Mauerreste sind jederzeit zugänglich, im Winter ist allerdings von einer Besichtigung abzuraten.

Das Besondere: die hellen Gemäuer, die besonders bei Sonneneinfall geradezu zu leuchten scheinen.

Wenn noch Zeit bleibt: unbedingt eine der vielen Wandermöglichkeiten von Seis oder Kastelruth aus zu nutzen, dabei bietet es sich z. B. bei einem Ausflug über den Puntschkofelweg von Kastelruth nach Seis an, beim Tschötscherhof in St. Oswald einzukehren.

Was uns erwartet: Unsere Wanderung beginnt in Seis und führt auf schattigen Wegen durch die einmalige Landschaft des Naturparks Schlern zur Ruine Hauenstein und über Bad Ratzes wieder zurück zum Ausgangspunkt.

Ein Steg, teilweise aus dem Felsen gehauen, führt zu der abgelegenen, doch gut sichtbaren Ruine Hauenstein. Sie liegt mitten im Wald auf einem Felsblock unterhalb des Schlerns. Deutlich heben sich die hellen Mauerreste aus unverputztem Dolomitgestein vom satten Grün der Bäume ab. Erhalten sind nur noch wenige Teile des einst 9 Meter hohen Bergfrieds, des Palas und der Ringmauer. Es ist leicht vorstellbar, daß die winterliche, Monate während Schattenzeit den Verfall beschleunigt hat, dem erst wieder seit 1977 mit Sicherungsmaßnahmen ein wenig entgegengewirkt wird.

Aus der Geschichte: Um 1190 von den Herren von Hauenstein, Brixner Ministerialen aus dem Geschlecht der Herren von Kastelruth erbaut, wird die Burg nach deren Aussterben (1393) zum Streitobjekt zwischen dem bekannten Minnesänger Oswald von Wolkenstein und den Erben der Hauensteiner. Oswalds Großvater Ekkehard von Villanders hatte im Jahre 1367 ein Drittel der Burg käuflich erworben, und so kämpft Oswald schlußendlich siegreich

»In meinem Wald um Hauenstein« wird sich der Dichter und Sänger Oswald von Wolkenstein öfters einsam gefühlt haben. Die heutige Ruine liegt mitten im Wald, unterhalb der Santnerspitze.

Ruine Hauenstein.

♟ Einkehrtip

Tschötscherhof
Seis am Schlern, St. Oswald 19,
☎ (0471) 70 60 13
Öffnungszeiten: März bis Ende
November.
Platzangebot: zwei getäfelte
Bauernstuben mit insgesamt
50 Sitzplätzen, außerdem eine
große Terrasse.
Ambiente: Der Hof stammt
urkundlich aus dem 14. Jahr-
hundert und ist somit einer der
ältesten Höfe im Eisacktal.
Gastronomie: bäuerliche Küche.
Empfehlungen: Speckschmarrn
mit Eigenbauwein.

um sein Recht, obgleich er sie nicht gerade als begehrenswert be-
schreibt: »Auff einem kofel rund und smal/ mit dickem wald umb-
fangen, ...«.
Dennoch: Oswald und seine Nachkommen leben auf Hauenstein,
im 15./16. Jahrhundert wird die Anlage sogar vergrößert, doch im
17. Jahrhundert setzt bereits der Verfall ein.
Kunsthistorische Notizen: Der älteste Teil der Burg ist ein Wohnturm
aus der ersten Hälfte des 12. Jahrhunderts, der um 1190 von den
sich später nach der Burg nennenden Brixner Ministerialen erhöht
und ausgebaut worden ist. Der Zubau ist an einem a ten Pultdach-
abschluß und an Buckelquadern im oberen Teil des Bergfrieds zu
erkennen.
Was ebenfalls einen Besuch lohnt: Wer noch mehr von Ruinen sehen
möchte, macht einen Abstecher 500 Meter in westliche Richtung
und findet, wieder im Wald, Mauerreste aus dem 12. Jahrhundert:
die Ruine Salegg. Viel Spaß!

Trostburg *i*

Lage: auf einem bewaldeten Felskopf am Eingang ins Grödner Tal.

Erreichbarkeit: in einer halbstündigen Wanderung von Waidbruck aus.

Öffnungszeiten: Besichtigung mit Führung stündlich zwischen 10 und 12 sowie 14 und 17 Uhr.

Das Besondere: mächtige Renaissance-Residenz, Paradebeispiel höfischer Lebenskultur.

Wenn noch Zeit bleibt: Klausen besichtigen und dort einkehren.

27 Trostburg

Die Pracht der Renaissance

Was uns erwartet: Östlich über Waidbruck direkt am Eingang ins Grödner Tal liegt die Trostburg. Von Waidbruck aus spaziert man auf einem alten gepflasterten Burgweg in einer halben Stunde, allerdings etwas steil, zur Nordseite, wo Geschützscharten den Besucher erwarten.

Der ursprüngliche Burgkern aus dem 12. Jahrhundert liegt aber im Westen und setzt sich aus eng zusammengebautem Bergfried, Palas und Zwinger zusammen. Im 14. Jahrhundert kommt der Viereckturm und im 15. Jahrhundert der sogenannte Römerturm dazu. Die heutige Form erhält die Burg unter Engelhard Dietrich Freiherr und Graf von Wolkenstein-Trostburg (1595–1647). Er errichtet sich eine befestigte Renaissanceresidenz mit Vorwerken, Batterietürmen, Rondellen und Sperrmauern: rundum befestigt, von allen Seiten wehrhaft. Engelhard Dietrich erbaut auch eine eigene Kapelle mit einem Geheimgang, der ins Freie führt. In erster Linie dient der Festungsapparat aber der Abschreckung und der Zurschaustellung von Macht. Dem Angriff der Geschütze im Jahre 1943 kann jedoch selbst diese Festung nichts entgegensetzen.

Auf der Burg ist eine Dauerausstellung über das Leben Oswald von Wolkensteins eingerichtet, der ja seine Jugendjahre hier verbracht hat. Weiters gibt es eine sehenswerte Ausstellung über das Leben auf mittelalterlichen Burgen. Zahlreiche Südtiroler Burgen in Modellform sind zu besichtigen.

Die Trostburg selbst ist mit Führung zu besichtigen, stündlich zwischen 10 und 12 sowie 14 und 17 Uhr.

Aus der Geschichte: Seit 1173 bezeichnen sich die Herren von Kastelruth nach der Burg, 1243 die Herren von Velthurns, die die Trostburg aber 1290 an Meinhard II. von Görz-Tirol übergeben müssen. 1327 kommt sie als Lehen an die Herren von Villanders und 1385 über die Heirat der Erbtochter Katharina an die Wolkensteiner. Von da an bis 1967 ist die Burg in den Händen der Herren und Grafen von Wolkenstein-Trostburg, die nach den Zerstörungen durch die deutschen Truppen nicht mehr für die hohen Renovierungskosten aufkommen können und sie dem Südtiroler Burgeninstitut überlassen, das heute seinen Sitz auf der Burg hat.

Die strategisch sehr günstige Lage der Trostburg erlaubt es den Burgherren im Mittelalter, den gesamten Verkehr nach Gröden und

Die Trostburg wurde in der Renaissancezeit prachtvoll umgebaut: Dieser Saal mit der herrlichen Kassettendecke gibt davon Zeugnis.

nach Kastelruth sowie alle Bewegung auf der Brennerstraße, die bis 1314 über den Ritten führt, zu kontrollieren. Es kommt sogar vor, daß sich einzelne Burgherren zu Raubzügen verleiten lassen, wie 1256 Arnold von Trostburg – es war dies eine Einkommensquelle, die im Mittelalter auch von anderen Ansitzer durchaus bekannt war.

Kunsthistorische Notizen: Im Inneren der Trostburg finden sich aus der Zeit der Errichtung des Viereck- und des Römerturms zahlrei-

Einkehrtip

Oberfinserhof

Lajen, an der Straße von Waidbruck nach Lajen,

☎ (04 71) 65 43 98

Öffnungszeiten: 15. September
bis 15. Dezember, kein Ruhetag.

Platzangebot: 45 Sitzpläze in
der Stube, bei Bedarf »Notplätze«
im Gang.

Ambiente: Der Hof soll 700 Jahre
alt sein, die Stube mit Bauernofen
ist alt und getäfelt. Einfache und
ursprüngliche Atmosphäre.

Gastronomie: hausgemachter
Zitronensirup, Holundersaft,
Speck, Eigenbauwein und die
üblichen Spezialitäten der Tiroler
Küche sowie Kastanien ab Okto-
ber.

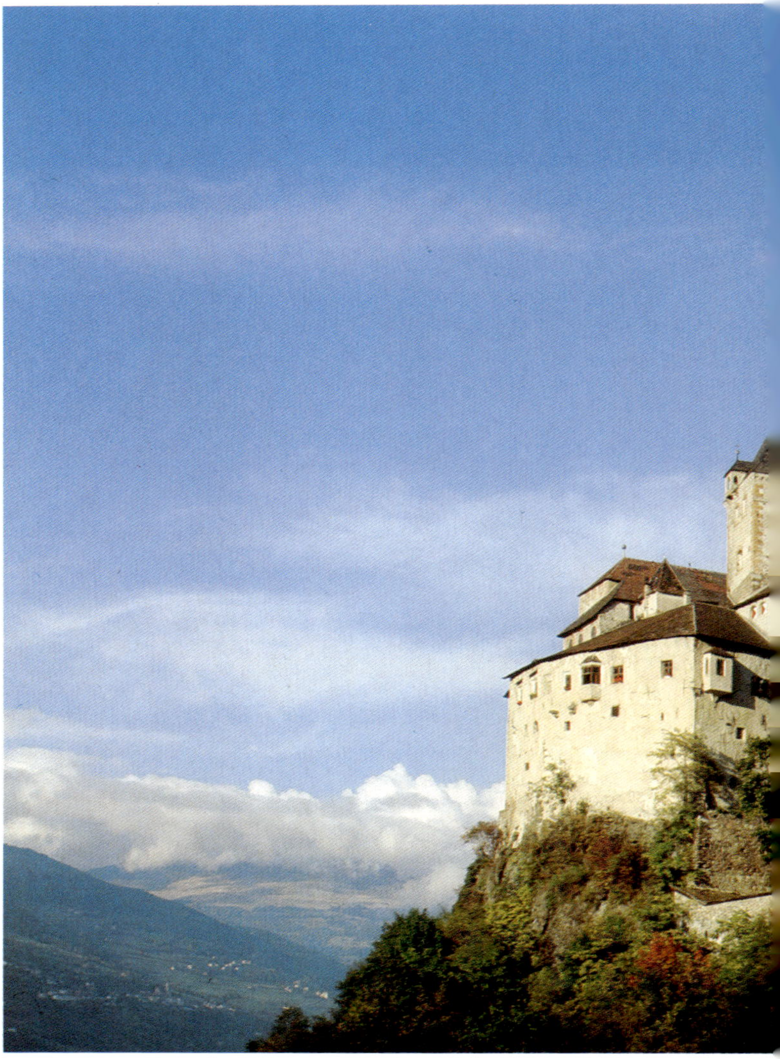

che gotische Türrahmen, der kleine Hof mit seinen Arkaden und
zwei äußerst sehenswerte Balkendecken im Palas. Letztere sind
kurz nach 1400 entstanden und beeindrucken durch ein Dreipaß-
gewölbe, das mit feinster Kerbschnittornamentik verziert ist.

Aus der Bautätigkeit Engelhard Dietrichs zwischen 1595 und 1625
stammt der Rittersaal aus der Spätrenaissance mit der prunkvollen Holzdecke und den Ahnenstatuen aus Stuck. Die Holzdecke,
ein Meisterwerk der Handwerkskunst, ist eine Kassettendecke, in
die zahlreiche farbige Allianzwappen eingefügt sind.

Die Trostburg erhebt sich oberhalb von Waidbruck.

Eindrucksvoll, allerdings nicht vom kunsthistorischen Standpunkt aus, ist auch das Verlies, das aus zwei elenden Zellen mit Felsboden und Einstiegsloch besteht.

Was ebenfalls einen Besuch lohnt: Von der Trostburg kann man über Tagusens weiterwandern zur Ruine der Burg Niemandsfreund, die aber nur noch aus Mauerresten besteht. Die Wanderung selbst ist schön und erfordert eine Gesamtgehzeit von 3½ Stunden.

Unbedingt besichtigen sollte man Klausen. In dieser kleinen Stadt läßt sich mittelalterliche Atmosphäre nachempfinden.

28 Wolkenstein

Ruine zwischen Himmel und Erde

Was uns erwartet: Kaum vom grauen Felsen der Steviawand zu unterscheiden sind die wenigen Mauerreste der einstigen Burg Wolkenstein. Abgelegen und luftig erhebt sich die Felsburg auf 1720 Metern Höhe, sie ist aber auf einem gut begehbaren Steig zu erreichen. Von Wolkenstein folgt man der Markierung Richtung Langental, gelangt dann auf die Fahrstraße, geht abwärts bis kurz vor die Sportschule, wo links Steinstufen abzweigen. Den Burgweg vorsichtig und nur mit gutem Schuhwerk begehen.

Von der Burg sind lediglich ein kleines Vorwerk und die Hauptmauer des fünfgeschossigen Wohnturmes erhalten. Viereckige Fensteröffnungen und ein bogenförmiger Einlaß zerteilen die einsam noch aufragende Wand. Im Sommer ist dies ein schöner Platz zum Ausruhen und Nachdenken.

Die nur noch spärlichen Reste der Burg lassen keine aufschlußreichen kunsthistorischen Betrachtungen zu.

Aus der Geschichte: Wolkenstein wird vermutlich von dem 1237 erwähnten Arnold von Wolkenstein erbaut, 1293 von Randold von Villanders gekauft. Seine Nachkommen sind schließlich die Grafen von Wolkenstein, die den Namen der Burg auf sich nehmen. Ein Felssturz beschädigt den Großteil der Burg, so daß sie nach 1525 dem Verfall überlassen wird.

Eine alte Sage beschäftigt sich mit der Gründung von Wolkenstein, derzufolge ein welscher Graf, auf der Flucht vor dem Hunnenkönig Attila, sich hier niederließ und die Burg erbaute. Der ursprüngliche Name: Walchenstein. Historisch belegbar ist die

Daß das Leben in den meisten Burgen beschwerlich, unbequem und gar nicht romantisch war, davon zeugt besonders die Ruine Wolkenstein.

Abwanderung der von den Scharen der Völkerwanderung bedrängten rätoromanischen Bevölkerung in abgelegene Seitentäler.

Über die Entstehung des Namens Wolkenstein gibt eine weitere Sage Aufschluß: Eine dunkle Wolke über Walchenstein und schreckliche Alpträume veranlaßten den Kastellan, mit seiner Familie die Burg zu verlassen, die augenblicklich von Felsbrocken zerstört wurde. Die dunkle Wolke als Vorwarnung gab nun dem Ort den Namen Wolkenstein.

Was ebenfalls einen Besuch lohnt: Auf dem Weg zur Ruine kreuzt man etwas unterhalb des Gemäuers den Kreuzweg, der zur kleinen Kapelle St. Silvester führt.

In Wolkenstein selbst lohnt der Besuch der Pfarrkirche Maria Hilf, die eine Kopie des berühmten Gnadenbildes Maria Hilf von Lucas Cranach besitzt.

Einkehrtip

Am Weg liegt die Pension Val, die kleine Gerichte anbietet, ansonsten gibt es zahlreiche gastronomische Betriebe in der Ortschaft Wolkenstein.

89

Fischburg

Lage: südöstlich von St. Christina am Berghang.

Erreichbarkeit: von der Talstation der Sasslong-Seilbahn über eine Brücke, dann links den Wald hinauf, an einer kleinen Kapelle vorbei zum Schloß und auf dem Fahrweg wieder hinunter. Gehzeit 1 Stunde.

Öffnungszeiten: Die Fischburg ist nicht öffentlich zugänglich.

Das Besondere: die malerische Gesamtkomposition, umgeben von dunklen Wäldern.

Wenn noch Zeit bleibt: wandern oder bergsteigen – die Auswahl ist vielfältig, Bergführer erklären Fauna und Flora. Informationen bei der Grödner Bergführervereinigung Wolkenstein: ☎ (0471) 794133, oder beim Tourismusverein, ☎ 795122, Fax 794245.

29 Fischburg

Wehrhaftigkeit als Illusion

Die Fischburg, Sommersitz der Grafen von Wolkenstein.

Was uns erwartet: Hinter St. Christina am Berghang auf 1400 Metern Höhe liegt in dichtem Nadelwald die Fischburg. Wie ein Märchenschloß wirkt die gut erhaltene Renaissance-Burg mit ihren zahlreichen Türmen, eine der letzten in Tirol, die Wohn- und Wehrfunktion vereinen: Ringmauer, zwei Wohntrakte, Arkadenhof, Kapelle, zwei Haupttürme und drei Nebentürme. Keine trutzige Festungsanlage im mittelalterlichem Baustil ist dies, dazu hat es den Bauherren auch am nötigen Kleingeld gefehlt. So finden wir die Kanonen am Turm nicht aus schwerem Eisen, sondern aus feinen Pinselstrichen als Wandmalerei.

Die Fischburg dient den Wolkensteinern als Sommerresidenz, als Jagdschloß und, wie der Name schon sagt, gefischt konnte in dieser Gegend auch noch werden.

Aus der Geschichte: Zwischen 1622 und 1641 erbaut Engelhard Dietrich Freiherr von Wolkenstein-Trostburg die Fischburg, die, in Anlehnung an mittelalterliche Bauweise, Wehrhaftigkeit zumindest vortäuschen soll.

Im Laufe der Jahre verarmt der Adel, verheizt, was an Brennbarem im Schloß zu finden ist. Schließlich, Mitte des 19. Jahrhunderts, schenkt Leopold Graf von Wolkenstein-Trostburg die Fischburg der Gemeinde St. Christina, die darin ein Alters- und Armenhaus einrichtet. 1926 erwirbt der venezianische Baron Carlo Franchetti die Burg, restauriert sie und stattet sie neu aus. Die Burg ist heute noch in Privatbesitz und daher der Öffentlichkeit nicht zugänglich.

Kunsthistorische Notizen: Gefällig sind die ornamentalen Malereien am Turm – da sie sich die teuren Kanonen nicht leisten konnten, ließen die Schloßherren sie kurzerhand an die Fassade malen. Insgesamt erzielt der ganze Bau mit seinen Arkadenhöfen, Haupt- und Nebentürmen eine große dekorative Wirkung, wird auch bisweilen als das »schönste Schloß im dolomiten-ladinischen Raum« bezeichnet.

Was ebenfalls einen Besuch lohnt: Nachdem man den schönen Ausblick von der Fischburg auf das mittlere Grödental genossen hat, kann man unterhalb der Dolomitenwände des Langkofels weiterwandern oder mit der Col-Raiser-Kabinenumlaufbahn zur gleichnamigen Hütte hinauffahren und von hier das Panorama genießen oder weiterwandern und einen Gipfel besteigen. Wer sich weiter kulturell betätigen möchte, besucht die Pfarrkirche von Pufels mit ihren romanischen Bauformen oder das Grödner Heimatmuseum in St. Ulrich.

Interessant ist die Sonnenuhr auf dem Monte Pana: eine sphärische Äquatorial-Sonnenuhr mit zwei Metern Durchmesser.

Südöstlich von St. Christina liegt am Hang die Fischburg.

30 Säben

Säben

i

Lage: auf einem hohen Felsen über Klausen, das Eisacktal weit überblickend.
Erreichbarkeit: in 1½stündiger Rundwanderung über den alten Burgweg von Klausen aus und über die »Säbener Promenade« wieder zurück.
Öffnungszeiten: Besichtigung von Gnadenkapelle und Liebfrauenkirche Dienstag und Freitag von 14 bis 17 Uhr, Samstag und Sonntag von 10 bis 12 und von 14 bis 17 Uhr.
Das Besondere: die klösterliche Abgeschiedenheit und Ruhe, trotz der Autobahn im Talgrund!
Wenn noch Zeit bleibt: Klausen besichtigen und dort einkehren.

Die Akropolis Tirols

Was uns erwartet: Das Eisacktal weit überblickend erhebt sich hoch über Klausen auf einem Felsen Kloster Säben. Als »Akropolis Tirols« wird die Burg in ihrer isolierten, steilen Lage gerne auch bezeichnet.

Säben wird im 6. Jahrhundert erwähnt, als Bistum der römischen Provinz Rätien. Der erste Bischof, der hl. Ingenuin, beginnt mit der Christianisierung der Gegend. Um 1000 übersiedelt der Bischof nach Brixen, und Säben wird von verschiedenen Burggrafen bewohnt.

Das heutige Kloster hat seine Gestalt im Umbau von 1899 erhalten, doch sind Teile der alten Burg, wie die Ringmauern mit den Schwalbenschwanzzinnen und der Kassiansturm (13./14. Jahrhundert) in den Neubau integriert.

Ein alter Burg- und Wallfahrtsweg – Säben ist seit dem 15. Jahrhundert beliebter Wallfahrtsort – führt von Klausen zum Kloster, wie auch eine neuere Promenade, was uns die Möglichkeit einer Rundwanderung eröffnet.

Aus der Geschichte: Der Felsen, auf dem sich heute das Benediktinerinnenkloster befindet, ist schon in prähistorischer und römischer Zeit besiedelt. Funde aus der Bronzezeit, Reste einer spätrömischen Siedlung, ein Gräberfeld, eine frühchristliche Kirche aus dem 4. Jahrhundert zeugen davon. Seit dem 6. Jahrhundert sind die Bischöfe des Bistums Säben (Sabiona) vorort. Begründer des Bistums ist der Sage nach der hl. Kassian.

Die Bischöfe sind des Lesens und Schreibens kundig, dennoch ist kein originales Schriftstück aus der Karolingerzeit von Säben erhalten. Um die Jahrtausendwende wird der Bischofssitz nach Brixen verlegt, und auf Säben entsteht eine bischöfliche Burg mit Wehrcharakter.

In der Auseinandersetzung zwischen dem Bischof und dem aufstrebenden Ministerialadel im 13. Jahrhundert unterstützen die Herren von Völs, seit 1155 Burggrafen von Säben, die Anliegen des Adels. Der bischofstreue Hugo von Velthurns zerstört daraufhin die Burg und nimmt sie als Lehen. Der Wiederaufbau durch Bischof Albert von Enn bringt die zinnengekrönte Ringmauer. Zur Zeit der Türkenkriege, zweite Hälfte des 15. Jahrhunderts, wird die Burg mit weiteren Verteidigungsanlagen versehen. Für die Ausga-

Blick nach Süden auf das Kloster
Säben, das im herbstlichen Nebel
versinkt.

ben wird eine eigene Steuer eingeführt, die sogenannte Türken-
steuer. Eine 140 Meter tiefe Zisterne, die das Problem der Wasserversorgung lösen soll, wird gebaut. 1533 wird Säben durch einen
Blitzschlag stark beschädigt und aufgelassen. Erst Matthias Jenner
macht sich von 1681 bis 1686 an den Wiederaufbau und gründet
das Benediktinerinnenkloster.

95

Einkehrtip

Gasthof Huber
Pardell (Klausen)
☎ (0472) 855479
Ruhetag: Montag.
Öffnungszeiten: Januar und
Februar geschlossen.
Gastronomie: Tiroler Küche.
Platzangebot: in der Stube
ca. 70 Sitzplätze und etwa 100
im Garten.

Kunsthistorische Notizen: Unterhalb der Wehrmauer der mittelalterlichen Burganlage finden sich Mauerreste der ersten Bischofskathedrale aus dem 5. und 6. Jahrhundert.

In der Sakristei der Gnadenkapelle finden wir ein aus dem Felsen gehauenes Taufbecken aus dem 4. Jahrhundert, das zur römischen Wohnsiedlung gehören soll.

Die Heilig-Kreuz-Kirche, der Dom des Bischofs Ingenuin, besitzt ein gemauertes Rundbogentor aus dem 11. Jahrhundert.

Säben von Süden; im Hintergrund
die Villanderer Alm.

Die Klosterkirche aus der Zeit der Klostergründung ist ein typisches Bauwerk des Barock. Er wurde auf den Ruinen der ehemaligen bischöflichen Burg errichtet.

Was ebenfalls einen Besuch lohnt: Wenn man den alten Pilgerweg von Klausen nach Säben wählt, kommt man bei Burg Branzoll vorbei, im 13. Jahrhundert von den Herren von Völs-Säben erbaut, im 17. Jahrhundert niedergebrannt und 1911 wiedererrichtet. Die Burg ist klein, wirkt aber vor allem durch den mächtigen Bergfried.

97

31 Velthurns

Sommerresidenz der Brixner Bischöfe

Was uns erwartet: Eine schöne Panoramawanderung mit herrlichem Ausblick auf das Tal führt von Tschötsch nach anfänglich kurzem Anstieg durch grüne Wiesen nach Feldthurns. Direkt im Dorf befindet sich die Renaissance-Residenz der Bischöfe von Brixen für die Sommerzeit. Die eindrucksvolle Umfassungsmauer mit Zinnen umgibt das sogenannte Herrenhaus, das mit vier Erkern und ei-

Zinnen und Fensterschmuck auf Schloß Velthurns.

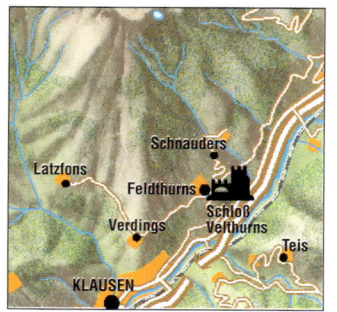

nem steilen Walmdach ausgestattet ist, das Schreiberhaus und einen ansehnlichen Schloßgarten. Die Wohnräume sind teilweise sehr prunkvoll ausgestattet und bergen manche Kostbarkeit heimischen Handwerks.

Aus der Geschichte: Der Bau von Schloß Velthurns wird 1578 von Kardinal Christoph Madrutz, Bischof von Trient und Brixen, begonnen und 1578 von Fürstbischof Thomas von Spaur beendet. Das Schloß wird angeblich mit den Steinen der bereits verfallenden Burg Velthurns auf dem Pflegerbichl knapp außerhalb des Dorfes erbaut. Die Burg war Sitz der 1142/47 erwähnten Herren von Velthurns, kam im 14. Jahrhundert in den Besitz der Landesfürsten, die sie im 15. Jahrhundert an den Brixner Bischof im Tauschhandel übergeben.

Schloß Velthurns, die bischöfliche Sommerresidenz, wird 1875 an die Fürsten von Liechtenstein verkauft und 1903 der Stadt Bozen geschenkt. Die Restaurierung erfolgte 1980 bis 1983.

Kunsthistorische Notizen: Die bereits erwähnte Innenausstattung der Räume ist sehenswert. An erster Stelle steht das Fürstenzimmer mit Kassettendecke und Wandtäfelung, beide reich an Intarsien und musterhafte Beispiele heimischer Handwerkskunst. Die Türen, ebenfalls mit Einlegearbeiten verziert, werden von Säulen ge-

Einkehrtip

Moarhof
Schrambach, Feldthurns,
☎ (0472) 85 52 32
Öffnungszeiten: September bis Ende November, mittags und abends, Montag Ruhetag.
Platzangebot: 45 Personen in zwei getäfelten Stuben und weitere 40 auf der Terrasse.
Erreichbarkeit: Der Hof liegt 150 Meter oberhalb der Straße, man fährt von Norden kommend auf der Eisacktaler Staatsstraße beim Gasthof »Rudi« rechts hinauf nach Schrambach.
Ambiente: Bauernbuschen.
Gastronomie: Bäuerliche Küche. Empfehlungen: Schlutzkrapfen, Kasnocken, Gerstsuppe, Hauswurst mit Kraut, Kastanien und Eisacktaler Krapfen, dazu Eigenbauwein.

Der Innenhof.

rahmt. Ein weiteres Prunkstück des Raumes ist der prächtige Kachelofen, der das Wappen des Bischofs von Spaur trägt.

Was ebenfalls einen Besuch lohnt: Wer mit dem Auto nach Feldthurns gekommen ist, könnte einen Ausflug über die Glangwiesen nach Schnauders machen. Ein wunderbarer Ausblick auf die Geislerspitzen, ein Besuch der kleinen gotischen Kirche St. Georg, bereits im 14. Jahrhundert erwähnt, und eine Einkehr beim Jörgenwirt in Schnauders bereichern die Wanderung, die rechts des Mühlbaches, hinab zur Brixner Straße und wieder nach Feldthurns zurückführt. Gehzeit insgesamt 2 Stunden.

Hofburg Brixen

Lage: mitten im historischen Kern der Stadt.
Erreichbarkeit: wenige Schritte vom Domplatz entfernt.
Öffnungszeiten: 15. März –
31. Oktober: 10.00–17.00 Uhr,
Sonntag geschlossen, vom
15. Dezember–10. Februar ist
nur das Krippenmuseum von
10.00–17.00 Uhr geöffnet.
Das Besondere: der Innenhof
mit den Arkaden.
Wenn noch Zeit bleibt: ein
Spaziergang durch die Altstadt.
Er lohnt sich!

Blick in den eleganten Innenhof der
Hofburg in Brixen.

32 Hofburg

Weltliche Pracht für geistliche Herren

Was uns erwartet: Im Zentrum von Brixen, wenige Schritte vom
Domplatz entfernt, steht die Hofburg, ein prächtiger Renaissance-
Bau aus dem 17. Jahrhundert. Beeindruckend der Innenhof mit
seinen eleganten Loggien und den lebensgroßen Habsburger-
Standbildern in den Arkadennischen.
Heute befindet sich in dem Gebäude das Diözesanmuseum, das
auf die einzelnen Stockwerke verteilt sakrale Kunst vom Mittelalter
bis zur Neuzeit zeigt. Im Parterre der Hofburg kann eine Krippen-
sammlung beeindruckenden Ausmaßes besichtigt werden.
Aus der Geschichte: Die ursprüngliche bischöfliche Residenz an der
Westseite des Dom-Kreuzganges wird von Bischof Bruno 1265 auf
Drängen Meinhards II. in die neue Burg an der Stadtmauer verlegt.
Diese besitzt Wehrtürme und einen Wassergraben, hat aber keinen
langen Bestand, wird sie doch um 1591 von Kardinal Andreas von
Österreich niedergerissen und als repräsentatives Renaissance-
Schloß wiederaufgebaut: ein regelmäßiger viereckiger Grundriß,
vier Flügel um einen eleganten Innenhof, zwei Türme an der Südseite. Der Nordtrakt und die Kapelle mit dem prächtigen Portal
werden erst 1710/11 fertiggestellt. Dennoch wirkt die Anlage ein-
heitlich und harmonisch.

Frühherbst in Brixen; im Hintergrund erhebt sich die Geislergruppe der Dolomiten.

1964 wird der Diözesansitz nach Bozen verlegt und 1978 das Diözesanmuseum in der Hofburg eröffnet.

Kunsthistorische Notizen: Die Hofburg und insbesondere die Räumlichkeiten des Kaisertrakts geben uns Einblick in die Feinheiten der Renaissance, des Barock und des Rokoko, glänzen durch Stuck und Illusionsmalerei. Beispielhaft ist der Burginnenhof mit seinen eleganten Loggien. 24 lebensgroße Habsburger-Standbilder blik-

101

Finsterwirt
Brixen
☎ (04 72) 83 53 43
Ruhetag: Sonntag abend und
Montag.
Öffnungszeiten: geschlossen
von Mitte bis Ende Juni und von
10. Januar bis Anfang Februar.
Gastronomie: nobles Restaurant
mit Spitzenküche; im Erdgeschoß
kleine Speisekarte mit Tiroler
Kost, im ersten Stock antikes Am-
biente mit internationaler Küche.
Platzangebot: ca. 80 Sitzplätze.

Wirt an der Mahr
Brixen
☎ (04 72) 85 05 29
Ruhetag: Mittwoch.
Öffnungszeiten: wußte der Wirt
bei Redaktionsschluß noch nicht.
Das soll einer Empfehlung des
Hauses nicht abträglich sein …
Gastronomie: Tiroler Küche.
Platzangebot: ca. 80 Sitzplätze.

ken aus den Arkadennischen auf den Besucher im Innenhof herab.
Andreas von Österreich, der sie in Auftrag gibt, fühlt sich offen-
sichtlich der Familie der Habsburger zugehöriger als der kirchli-
chen. Nicht selten wenden sich im Mittelalter geistliche Würden-
träger weltlichen Geschäften zu und belegen ihre Untertanen mit
hohen Abgaben. So wird die Hofburg im Tiroler Bauernkrieg auch
als erstes Symbol der Macht gestürmt und zwei Monate besetzt
gehalten.
Was ebenfalls einen Besuch lohnt: Die Stadt Brixen ist reich an Sehenswürdigkeiten, die einen lebendigen Eindruck mittelalterlicher

Die Ostfassade der Hofburg.

Stadtbaugeschichte vermitteln. Gut erhalten sind z. B. Teile der mittelalterlichen Stadtbefestigung, das Kreuztor, das Säbener Tor (beide mit Schießscharten), das Michaelstor und das Kreuzgangtor. Der Dom mit seinen beiden hohen Türmen reicht in seinen Ursprüngen ins 12. und 13. Jahrhundert. Aus dieser Zeit stammt auch der Kreuzgang mit seinem berühmten Freskenzyklus aus dem 14. und 15. Jahrhundert.

Ein Rundgang durch die Stadt führt an zahlreichen Gastlokalen vorbei, die, teilweise in origineller Umgebung (Menhirstube im Gasthof Fink), Gutes aus Küche und Weinkeller bieten.

103

Rodenegg

Lage: auf schmalem Felsen über der Rienzschlucht.

Erreichbarkeit: Zufahrt von Mühlbach 4 km nach Rodeneck-Vill, 5 Minuten zu Fuß zum Schloß, oder von Schabs über den Rundlhof zu Weg Nr. 1 über die Rienz und durch steilen Wald zur Burg; Gehzeit inklusive Rückkehr 2½ Std.
Eine weitere Möglichkeit geht von Mühlbach aus mit Abzweigung beim Stausee links nach Rodenegg. 1½ Std., allerdings nur für den Hinweg!

Öffnungszeiten: 1. Mai–15. Oktober Besichtigung mit Führung: 11 und 15 Uhr, Montag Ruhetag.

Das Besondere: die berühmten Iwein-Fresken.

Wenn noch Zeit bleibt: Wie wäre es, sich ein sonniges Plätzchen zu suchen und ergänzend zu den Fresken die Lektüre des Iwein-Epos von Hartman von Aue zu wagen, in neuhochdeutscher Version natürlich!

33 Rodenegg

Fresken von europäischem Rang

Was uns erwartet: Ein kurzer Spaziergang auf ebenem Weg führt vom Dorf Vill zu Schloß Rodenegg. Man gewahrt auf diesem Weg nicht, wie schmal der Felskamm über der Rienzschlucht ist, auf dem die Burg sich erstreckt. Einen deutlicheren Eindruck über die abschüssige Lage bekommt man, wenn man den längeren Weg von Schabs wählt, der zuerst in die Rienzschlucht führt und dann jenseits zur Burg emporsteigt. Ein Haupttor mit Zugbrücke und ein Fallgitter muß man hinter sich lassen, bevor man den Innenhof der Burg erreicht, die in drei Teile gegliedert ist: die nördliche Vorburg, die Kernburg mit Wohnturm und Palas sowie die Ringmauer.

Aus der Geschichte: Die Herren von Rodank, Ministerialen des Bischofs von Brixen, erbauen die Burg zwischen 1140 und 1147, übergeben sie aber 1269/1271 an die Grafen von Görz, die sie teilweise selbst verwalten, teilweise als Pfandschaft vergeben. 1491 beschenkt Maximilian seinen Rat Veit von Wolkenstein mit Rodenegg und der dazugehörenden Herrschaft. Nun wird die Burg zu einer Renaissance-Festung gemäß des damaligen Zeitgeistes umgebaut: Zum fünfeckigen Wohnturm, dem Palas und der Ringmauer kommen die Vorburg, die Zugbrücken, der Wehrgang, die Zisterne, der Südtrakt mit der Kapelle und die Bastei an der West-

Schloß Rodenegg von Nordosten.

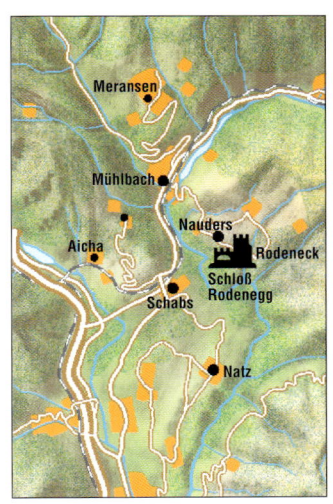

seite. 1694 wird durch eine Brandkatastrophe wertvolles Inventar der Schloßanlage vernichtet, in den Franzosenkriegen erfolgen noch einige Plünderungen, so daß Rodenegg langsam immer mehr verkommt. Erst um die Jahrhundertwende rettet Graf Arthur von Wolkenstein-Rodenegg die Burg mit einer umfassenden Restaurierung vor dem Verfall.

Kunsthistorische Notizen: Im Erdgeschoß des Palas befindet sich einer der ältesten profanen Freskenzyklen des deutschen Kulturraumes – zwölf Szenen aus dem Leben des Ritters Iwein aus dem Iwein-Epos des Hartman von Aue sind in ausdrucksstarker Malerei wiedergegeben. Iwein verabschiedet sich von seiner Burg, zieht in die Fremde, trifft auf wilde Tiere und Waldriesen, findet den Brunnen, kämpft mit dem Zauberkönig Askalon, den er verletzt. Iwein wird dennoch gefangen, aber, nachdem Askalon in den Armen seiner Gattin Laudine stirbt, von der Dienerin Lunete mit einem Tarnring gerettet. Die Suche nach dem Mörder geht weiter, doch kann Iwein Vergebung und Zuneigung von Laudine erringen.

Was ebenfalls einen Besuch lohnt: Von Mühlbach Richtung Vill finden sich auf dem steil abfallendem Rauchenbühel (Bachgart) Spuren einer bronzezeitlichen Siedlung, Reste eines Steintrümmerfeldes. In Viums südlich der Kirche findet sich, eingebaut in ein Bauernhaus, ein Wohnturm mit Schlitz- und Kreuzschlitzscharten.

Wer aber einfach nur einkehren möchte, ohne noch weiter zu wandern, geht in den Rodeneggerhof, zum Löwen und Elasbichler, in den Burghof, zum Kranebitter oder in die Alpenrose.

Einkehrtip

Flötscherhof
Natz-Schabs
☎ (0472) 41 20 77
Ruhetag: Montag.
Öffnungszeiten: Anfang Januar bis Anfang Februar geschlossen.
Gastronomie: einheimische Küche und Eisacktaler Spezialitätenwochen.
Platzangebot: in Speisesaal und Stube ca. 120 Sitzplätze.

Der Eingang des Schlosses; aus der Pechnase, die früher den Eingang gegen Angreifer verteidigte, grüßt heute das leuchtende Rot der Geranien

105

Sprechenstein

Lage: südöstlich von Sterzing auf einem Felskopf.
Erreichbarkeit: über die Eisack-promenade in 2 Std. von Sterzing aus.
Öffnungszeiten: die Burg ist nicht zugänglich.
Das Besondere: der Rundturm mit dem Kegeldach.
Wenn noch Zeit bleibt: weiter-spazieren bis zum Gasthof »Sonnenheim«.

Schloß Sprechenstein auf der gegenüberliegenden Talseite von Schloß Reifenstein.

34 Sprechenstein

Die Brennerstraße ...

Was uns erwartet: Unweit von Sterzing auf einem Felskopf am östlichen Talrand erhebt sich Burg Sprechenstein. Ein promenaden-artiger Spazierweg führt den Eisack entlang zur Burg, deren auf-fallendstes Merkmal der runde Bergfried ist. Er gehört zum ursprünglichen Bestand und ist einer der insgesamt nur sieben Rundtürme Südtirols – insofern also eine Besonderheit. Aus der

gleichen Zeit wie der Bergfried datieren der Palas und die Ring-mauer, die beide Gebäude verbindet. Die romanische Burgkapelle dürfte in ihrem Ursprung auf frühchristliche Zeit zurückgehen.
Aus der Geschichte: Sprechenstein wird 1240 von Graf Albert von Ti-rol neu erbaut und den Trautson als Lehen weitergegeben, die es 1775 an die Fürsten Auersperg-Trautson vererben. Im Laufe der Jahrhunderte finden einige Erweiterungen und Restaurierungen statt, so auch nach dem Zweiten Weltkrieg, nachdem eine Flieger-bombe die Burg stark beschädigt hatte.
Kunsthistorische Notizen: Die Trautson waren ein sehr selbstbewuß-tes Geschlecht. Das zeigt sich in den insgesamt drei Wappenstei-nen über dem spitzbogigen Burgtor, am vermauerten Palastor und am Bergfried.

Luftaufnahme der Anlage von Süden; im Hintergrund Sterzing.

Erhalten sind ein Wohnraum mit dekorativen Fresken aus dem 14. Jahrhundert und in der romanischen Kapellenapsis ein Flügelaltar und gotische Fresken – nur leider nicht zugänglich!

Was ebenfalls einen Besuch lohnt: Im Schatten der Burgmauern kann man sich niederlassen, rasten, entspannen, die schöne Aussicht auf die Talebene genießen und schließlich weitergehen nach Schloß Moos und zum Gasthof Sonnenheim, wo man sich stärken kann für den Rückweg.

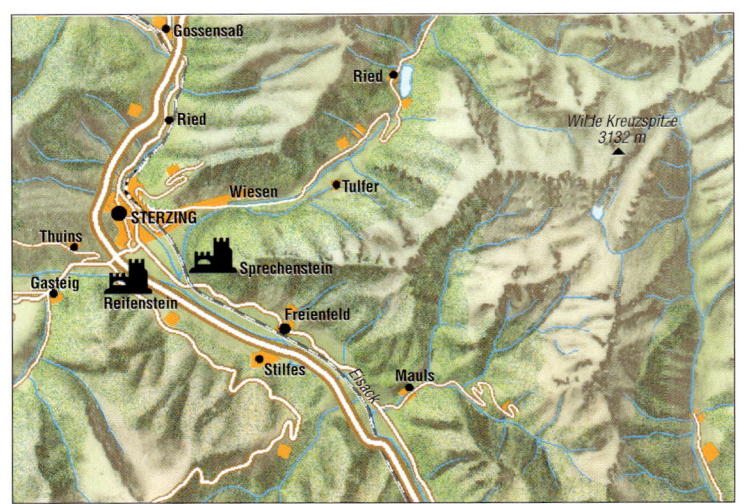

Einkehrtip

Gasthof Goldenes Kreuz
Sterzing
☎ (0472) 765233
Ruhetag: Donnerstag.
Öffnungszeiten: ganzjährig geöffnet.
Gastronomie: Tiroler und italienische Küche.
Platzangebot: im Speisesaal ca. 100 Sitzplätze und in der Stube ca. 70 Sitzplätze.

Reifenstein

Lage: im Sterzinger Moos auf einem Felskopf, in Freienfeld-Elzenbaum.
Erreichbarkeit: Einstündiger Spaziergang von Stilfes oder direkt mit dem Auto.
Öffnungszeiten: Führungen von Ostern bis Allerheiligen jeweils um 9.30, 10.30, 14.00 und 15.00 Uhr, Freitag Ruhetag, ☎ (0472) 765879.
Das Besondere: kostbare Originalstücke aus der Spätgotik.
Wenn noch Zeit bleibt: Einkehr im »Goldenen Löwen« oder im »Lechnerhof«.

35 Reifenstein

... im Zangengriff

Was uns erwartet: In der Talebene auf einem Felskopf liegt die Burg Reifenstein. Zu ihren ältesten Teilen zählt der quadratische Bergfried aus dem 12. Jahrhundert mit dem umgebauten Palas in Form eines Wohnturmes. Dem gegenüber liegt ein weiterer, ebenfalls turmartiger Wohntrakt. Die Ringmauern stammen aus der Zeit um 1500.

Die Anlage von Schloß Reifenstein aus der Luft gesehen.

Die Burg, die ihren ursprünglichen Charakter gut bewahrt hat – man bestaune z. B. die rußgeschwärzte Burgküche mit der offenen Feuerstelle und dem Felsboden oder das 5 Meter tiefe, lichtlose Verlies – kann in einer einstündigen Wanderung auf einem Feldweg von Stilfes über Weihern erreicht werden. Der Rückweg kann entlang der anderen Eisackseite (oder auch Autobahnseite) genommen werden.

Aus der Geschichte: 1110 wird die Burg erstmals erwähnt, sie ist im 12. Jahrhundert als brixnerisches Lehen im Besitz der Herren von Stilfes, im 13. Jahrhundert als tirolisches Lehen in den Händen der Herren von Trautson. Im Machtkampf zwischen der Kirche und den Tiroler Grafen haben einmal mehr die »Weltlichen« ihre Stärke bewiesen. 1470 verkauft Herzog Sigmund Reifenstein an den Deutschritterorden, nach dessen Auflösung gelangt die Burg 1813 in den Besitz der Grafen von Thurn und Taxis.

Reifenstein wird einige Male erneuert und umgebaut, so auch 1510, als die Unterburg mit neuen Wohntrakten und starken Befestigungsanlagen versehen wird. Prunkvolle Kammern werden eingerichtet, daneben hasenstallähnliche Verschläge für die Kriegsknechte.

Kunsthistorische Notizen: Zu den Sehenswürdigkeiten der Anlage zählen die gotische Stube mit der schönen Täfelung sowie der

Einkehrtip

Lechnerhof
Stilfes
☎ (04 72) 76 61 31
Ruhetag: Mittwoch.
Öffnungszeiten: im Dezember geschlossen.
Gastronomie: Südtiroler Bauernspezialitäten.
Platzangebot: ca. 60 Sitzplätze und auf der Terrasse zusätzlich 60 Sitzplätze.

Die ehemalige Küche.

Grüne Saal mit der wuchernden Rankenmalerei und dem zierlichen Holzgitter, das aus Teilen einer spätgotischer Bettstatt gemacht wurde.

Aus dem frühen 16. Jahrhundert stammt auch der malerische Hof mit der 8 Meter tiefen Zisterne, einem Kunstwerk der Spätgotik: ausgekleidet mit porösem Tuffstein, mit einer Mantelmauer versehen und mit sandgefüllten Zwischenräumen zur Filterung des Regenwassers.

Was ebenfalls einen Besuch lohnt: Warum nach soviel Mittelaltererlebnis und Burgenromantik nicht einkehren, z. B. in Elzenbaum im »Goldenen Löwen« oder in Stilfes im »Wiesner«?

Wolfsthurn

Lage: westlich über Mareit.
Erreichbarkeit: mit dem Auto entlang der Ridnauner Straße.
Öffnungszeiten: Das Schloß kann nicht besichtigt werden, Auskunft beim Tourismusverein Ratschings, ☎ (0472) 756666.
Das Besondere: die symmetrische, barocke Schloßanlage.
Wenn noch Zeit bleibt: einkehren im Gasthof Stern in Mareit (der Speisesaal war früher der Pferdestall!) oder im Pulverhof.

36 Wolfsthurn

Barockschloß fern der Welt

Was uns erwartet: Vor der mächtigen Gletscherkulisse des Wilden Freigers liegt Schloß Wolfsthurn. Trotz der streng symmetrischen Anordnung der Anlage mit Mittelrisalit, Türmen, Kavalierstrakt und hohen Stützmauern und trotz der dekorationsarmen Fassade wirkt das Schloß leicht und elegant.

Der Südturm birgt Reste des Wehrturms der ursprünglichen Burg, was heute aber nur mehr an den geschlossenen Okuli zu erkennen ist.

Wolfsthurn gehört zu den schönsten profanen Barockbauten Tirols, leider kann nur die Kapelle besichtigt werden.

Aus der Geschichte: Anfang des 13. Jahrhunderts ist die Burg westlich über Mareit Lehen der Grafen von Eppan-Ulten und im Besitz von Heinrich von Mareit, 1242 werden bereits die Wölfe aus dem Wipptal damit belehnt, was bedeutet, daß sie nunmehr in Tiroler Lehensbesitz ist. Von den Wölfen erhält die Burg ihren Namen Wolfsthurn, und sie wird auch bis zum Aussterben des Geschlechts Ende des 15. Jahrhunderts von diesem bewohnt. Die nächsten Besitzer, die Familie Grebmer, verkaufen 1725 an Freiherrn Franz Andreas von Sternbach, der den mitelalterlichen Wehr-

Schloß Wolfsthurn, Innenansicht.

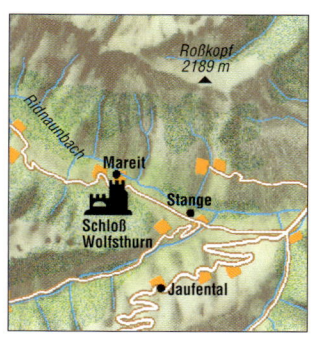

Schloß Wolfsthurn ist die einzige rein barocke Schloßanlage Südtirols.

turm niederreißt und die heutige barocke Schloßan.age mit viel Liebe und Geld aufbauen läßt.

Kunsthistorische Notizen: Das Schloß an sich ist ein Juwel profaner barocker Baukunst, doch finden sich auch im Innern zahlreiche Kostbarkeiten: prachtvolle Stuckdekorationen in Form von Girlanden, Rosetten, Ranken- und Gitterwerk, Vasen und Früchten im Saal und in den Räumen des zweiten Stocks und auch in der Kapelle, die besichtigt werden kann.

Prunkvolle Gobelins mit verschiedenen Jagdmotiven und wertvolles Porzellan gehören zur kostbaren Ausstattung.

Was ebenfalls einen Besuch lohnt: Da Wolfsthurn am besten mit dem Auto erreicht wird, bietet es sich an, einen Ausflug zur Ruine Reifenegg zu machen. Man startet in Stange, gelangt nach einer Stunde zum Gasthof Jaufensteg, von da über die Wiesen zum Burkthof und über den Bach hinab zur Ruine. Gehzeit: etwa 3 Stunden

Höchst interessant wäre auch ein Besuch des Landesbergbaumuseums Schneeberg in Maiern/Ridnaun, von April bis Oktober geöffnet (Dienstag–Sonntag von 9.30–16.30 Uhr).

Einkehrtip

Gasthof zum Stern
Mareit
☎ (0472) 758014
Ruhetag: Montag.
Öffnungszeiten: ganzjährig geöffnet bis auf die letzten zwei Aprilwochen.
Gastronomie: internationale Küche.
Platzangebot: ca. 80 Sitzplätze, mit Terrasse.

Die Sonnenburg bei St. Lorenzen.

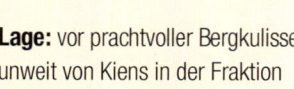

Ehrenburg

Lage: vor prachtvoller Bergkulisse unweit von Kiens in der Fraktion Ehrenburg.
Erreichbarkeit: ab Kiens auf dem Wanderweg Nr. 6 in ½ Std.
Öffnungszeiten: April, Mai, Oktober: mittwochs 15 Uhr, im Sommer täglich außer sonntags um 11, 15, 16 Uhr Führung, Auskunft: ☎ (0474) 56 52 21.
Das Besondere: das stilvolle Neben- und Ineinander von Bauteilen aus dem Mittelalter und der Renaissance.
Wenn noch Zeit bleibt: Abstecher zur 2 km von Kiens entfernten Kirche St. Sigmund; Einkehrmöglichkeiten finden sich im Dorf.

Die Ehrenburg, bis heute Stammsitz der Grafen Künigl.

37 Ehrenburg

Seit jeher Sitz desselben Geschlechts

Was uns erwartet: Malerisch umgeben von grünen Wäldern und Wiesen liegt die Ehrenburg, die aus einem älteren, mittelalterlichen Teil und einem neueren Teil aus dem 16. Jahrhundert besteht, eine harmonische Verbindung von Mittelalter und Renaissance.

Der Bau ist prächtig und spiegelt in seiner verschwenderischen Großzügigkeit und der glanzvollen Ausstattung das Selbstbewußtsein seiner Bewohner wider.

Bescheiden wirkt dagegen die Schloßkapelle, doch schon die Familiengruft und die dazugehörige Kapelle außerhalb des Berings erstrahlen wieder in barockem Glanz. Seit 600 Jahren ist die Ehrenburger »Kornmutter« Wallfahrtsziel zahlloser Pilger.

Die Burg ist seit ihrer Erbauung im Besitz desselben Geschlechts. Ein Teil dient heute im Sommer als Ferienheim für Jugendliche.

Aus der Geschichte: Die Besitzer der Ehrenburg mit dem klangvollen Beinamen Rex, woraus sich der Name Künigl ableitet, sind Ritter der Herren von Rodank und werden 1270/80 erstmals sicher erwähnt.

Die Ehrenburg ist im 14. Jahrhundert ein einfacher Wohnturm, der wenig später einen Wohntrakt erhält und 1508 angesichts venezianischer Streitkräfte im Gadertal und türkischer in Kärnten in seinen Wehrbauten verstärkt wird. Anfang des 16. Jahrhunderts findet der Umbau zum heutigen Schloß statt: eine zweiflüglige Anlage mit dreigeschoßigem Loggienhof (1522), Ringmauern und Eckrondellen. Bauherren sind Fürstbischof Caspar Ignaz Graf Künigl und 1732/40 sein Bruder Sebastian, der sich um eine prachtvolle Innenausstattung bemüht.

Die Ehrenburg ist bis heute Stammsitz der Grafen Künigl.

Kunsthistorische Notizen: An die Ursprünge erinnern die romanischen Doppelbogenfenster im 3. Stock des Turmes. Der restliche Bau erstrahlt in barocker Pracht und drückt Lebensfreude aus: Der Loggienhof des Baumeisters Lucio de Spacii aus Trient besteht aus zwei bzw. dreigeschossigen Rundbogenarkaden, die durch verspielte Säulen und massive Pfeiler getragen werden.

Imposant ist der Haupteingang, ein Rundbogentor, flankiert von Säulen und Pilastern.

Heiterkeit und Selbstdarstellung spiegelt sich auch in der Innenausstattung, hier seien nur einige Höhepunkte erwähnt: im ersten

Im Lauf der Zeit erhielt die Ehrenburg mehrere Zubauten, die, entsprechend der jeweiligen Epoche, zum Teil der Lebensfreude und zum Teil der Notwendigkeit nach Schutz entsprangen.

Einkehrtip

Landgasthof Steger
St. Sigmund
☎ (04 74) 56 96 19
Ruhetag: Montag und Dienstag.
Öffnungszeiten: von November bis Weihnachten geschlossen und nach Ostern ca. zwei Wochen.
Gastronomie: einheimische Küche.
Platzangebot: ca. 50 Sitzplätze im Speisesaal und 50 Sitzplätze auf der Terrasse.

Stock des Osttrakts ein prächtiger Saal mit Deckengewölbe, Balustrade mit Fruchtgehängen und Putten, an den Wänden lebensgroße Familienporträts. Edel ist der Marmorkamin im stuckverzierten Zimmer im zweiten Stock.

Was ebenfalls einen Besuch lohnt: In St. Sigmund in Kiens befindet sich ein 1427 datierter Flügelatar, der zur Geburt Herzog Sigismunds entstanden sein soll.

Wanderfreudigen sei der Alpenrosensteig empfohlen: Ausgangspunkt ist in Terenten. Zuerst geht es in Richtung Winnebachtal, Markierung 5 bis zum Hexenstein, einem sechsteiligen Schalenstein mit zahlreichen kleinen Vertiefungen. Weiter bis zur Moarhütte (bis hier 1½ Std. Gehzeit), dann links der Markierung 8 nach; der Weg steigt nun an und führt über die Latschhütte zum Golsplatz. Rechts ab, Markierung 6 bis zur Engelalm und zurück auf Weg Nr. 22 (Gesamtgehzeit: 3–4 Stunden).

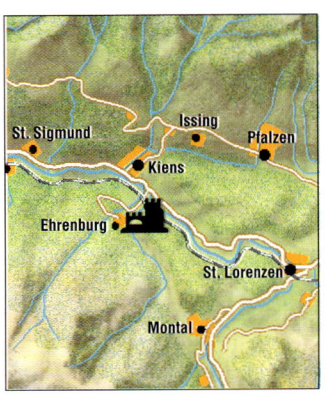

Sonnenburg

Lage: auf einem steil zur Rienz abfallenden Hügel westlich von St. Lorenzen.

Erreichbarkeit: mit dem Auto oder in einer kurzen Wanderung von St. Lorenzen zum Hügel der Sonnenburg.

Öffnungszeiten: die Krypta kann von 9 bis 17 Uhr besichtigt werden, Ruhetage: Montag und Dienstag.

Das Besondere: Schauräume mit Funden aus der Bronzezeit, romanische und gotische Fresken in den Kirchenruinen.

Wenn noch Zeit bleibt: einkehren im Schloßhotel Sonnenburg und dann einen Spaziergang durch den Weiler Sonnenburg machen.

38 Sonnenburg

Zur Verteidigung klösterlichen Lebens

Was uns erwartet: Von St. Lorenzen spaziert man zunächst westwärts, zweigt dann nördlich ab über die Rienz und gelangt auf dem Fahrsträßchen zum Weiler Sonnenburg. Hier auf einem frei aufragenden Hügel finden sich die Ruinen der Burg- und Klosteranlage Sonnenburg. Von der ursprünglichen Burg aus dem 11. Jahrhundert sind nur noch wenige Mauerreste erhalten, alle anderen Rui-

Die Sonnenburg gegen Norden, oberhalb der Rienz und der Pustertaler Straße.

nenteile sowie die Ringmauern mit Schießscharten und Rondellen gehören zum späteren Klosterbau. Heute ist hier ein Schloßhotel mit Restaurationsbetrieb untergebracht.

Aus der Geschichte: 1030/39 richtet Volkhold, Gaugraf von Lurn und Pustertal, in seiner Sonnenburg ein Benediktinerinnenstift ein, dessen erste Äbtissin seine Nichte Wichburg wird. Die Krypta, die besichtigt werden kann, und die romanische Kirche werden gebaut. Das Damenstift verfügt über ausgedehnte Besitzungen im ganzen Land, aus denen es großen Profit schlägt, und so versteht sich auch die Notwendigkeit von wehrhaften Ringmauern. Der Lebensstil der Konventsdamen entspricht nicht so recht den benediktinischen Glaubensregeln und dem Gelübde, was Mitte des 15. Jahrhunderts zu Schwierigkeiten mit dem Kirchenreformator und Bischof von Brixen, Nikolaus Cusanus, führt. Auf den Kirchenbann reagieren die Damen mit einer Verschwörung mit Herzog Sigmund und schweren Geschützen. Der Streit wird 1459 beendet, die Äbtissin abgesetzt.

1785 löst Kaiser Joseph II. das Kloster auf, 1968 verkauft die Gemeinde St. Lorenzen die Sonnenburg, der neue Besitzer eröffnet ein Schloßhotel.

Kunsthistorische Notizen: Von der Klosteranlage sind der Wohntrakt der Äbtissinen mit den sogenannten Jungfrauenstuben, dem Saal, dem Wohnraum und der Küche erhalten. Ein 37 Meter tiefer Ziehbrunnen kann bestaunt werden, ebenso Teile der Stiftskirche und Reste des Wohnturms und der Kapelle. Gut erhalten ist die romanische Krypta mit Fresken aus dem 11. Jahrhundert.

Was ebenfalls einen Besuch lohnt: Das Pustertal ist bereits in vorgeschichtlicher Zeit dicht besiedelt, Überreste des Römerlagers Sebatum aus dem 1. und 2. Jahrhundert nach Christus wurden nahe St. Lorenzen freigelegt, auf dem Hügel der Sonnenburg gibt es insgesamt neun Stellen mit Urzeitfunden. Ein Spaziergang durch den Weiler Sonnenburg – wunderbare Aussicht auf das Pustertal und die Dolomiten – eröffnet weitere Sehenswürdigkeiten, wie das Spital St. Johann aus dem Jahr 1617 oder der Ansitz Hebenstreit.

Für Wanderfreudige sei die zweistündige Rundwanderung von St. Lorenzen zur Michelsburg und wieder zurück empfohlen. Der Weg ist leicht begehbar und führt an einigen Gaststätten vorbei. Vom Kirchplatz in St. Lorenzen geht es südwärts über die Bahngleise, dann rechts ab nach St. Martin, nach einem Ansitz links ab nach Moos und schließlich wieder links auf einem Steig zur Burg. Der Hügel der Michelsburg ist auch in frühgeschichtlicher Zeit besiedelt, die Burg befindet sich in Privatbesitz.

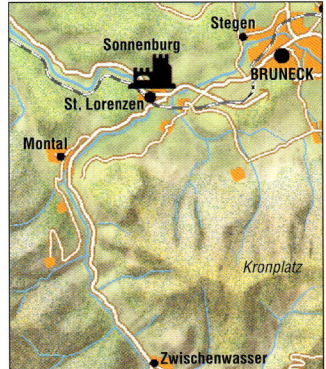

Einkehrtip

Gasthof Sonne
St. Lorenzen
☎ (0474) 474035
Ruhetag: Samstag.
Öffnungszeiten: ganzjährig geöffnet.
Gastronomie: Südtiroler Küche.
Platzangebot: Speisesaal für ca. 90 und Stube für ca. 40 Personen.

Burg Bruneck *i*

Lage: auf einem Hügel direkt über der Stadt.
Erreichbarkeit: kurzer Spazierweg von der Stadt aus.
Öffnungszeiten: die Burg ist nicht zugänglich.
Das Besondere: die Verbindung über Wehrmauern mit der tieferliegenden Stadt.
Wenn noch Zeit bleibt: einen Stadtrundgang durch Bruneck machen, oder einen Ausflug zur Lamprechtsburg.

39 Burg Bruneck

Die Zitadelle über der Stadt

Was uns erwartet: Auf einem felsigen Hügel direkt über dem Städtchen Bruneck erhebt sich die Burg gleichen Namens. Burg und Stadt sind durch Wehrmauern miteinander verbunden, die zum Teil noch sehr gut erhalten sind. Auf diese Weise bilden Burg, Stadt und Mauern eine starke, einheitliche Befestigung, in der die Burg den südlichen Eckpfeiler darstellt.

Die »schwache« Südseite der Burg, die am wenigsten abgeschirmt ist, weist zum Ausgleich besonders dicke Mauern auf, die einen möglichen Angriff erschweren sollen. So bestehen die unteren Mauern des Bergfrieds aus dicken, regelmäßigen Steinquadern. Der Bergfried gehört mit den zwei Wohntrakten und Ringmauern zum älteren Bestand aus der zweiten Hälfte des 13. Jahrhunderts. Aus dem 14. Jahrhundert datiert der tiefer liegende, ringsumlaufende Zwinger mit dem nunmehr zugeschütteten Graben und der Brücke.

Heute ist in der Anlage eine Schule untergebracht, die Innenräume der Burg sind nicht zugänglich.

Aus der Geschichte: 1256 wird Bruneck erstmals erwähnt. Wenige Jahre vorher baut Bischof Bruno von Brixen die Burg und gründet die Stadt. Hauptzweck der Anlage ist die Sicherung der bischöflichen Herrschaft gegenüber Graf Albert von Tirol, war doch der bisherige Amtsitz in Aufhofen völlig ungeschützt. Mit Markt-, Gewerbe- und Steuerprivilegien werden die Menschen angezogen, die Stadt besiedelt.

Unter Bischof Albert von Enna (1323–36) findet die Erweiterung der Burg durch den ringsumlaufenden Zwinger statt, 1518 bis 1521 und 1602 bis 1603 wird sie zur bischöflichen Residenz ausgebaut. Der Bauherr Bischof Christoph von Schrofenstein, dessen Wappen mit den Jahreszahlen 1518 und 1519 zweimal auftaucht, errichtet verbindende Wohnbauten, den Treppenturm und die Freitreppe im Hof, ebenso den oberen Teil des Bergfrieds.

Bruneck ist der Sommersitz, aber auch der Zufluchtsort der Bischöfe vor den Tiroler Grafen, die Ostern 1460 die Stadt mit Truppen belagern, schließlich einnehmen und auch die Burg erobern. Resultat: zahlreiche Rechte des Bistums gehen an Herzog Sigmund über. Doch nicht alle weltlichen Verbindungen sind feindschaftlicher Natur, so nächtigt 1500 Kaiser Maximilian auf Burg

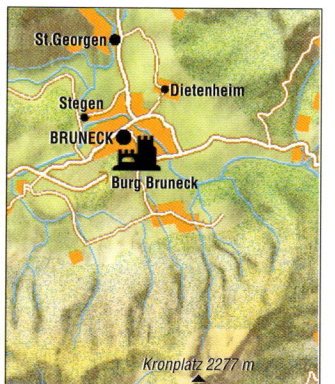

St.Georgen

Dietenheim

Stegen

BRUNECK

Burg Bruneck

Kronplatz 2277 m

Der Innenhof der Burg.

Bruneck und stiftet, nicht ohne vorher eine beträchtliche Geldsumme vom Bischof erhalten zu haben, ein Gold- und Perlengehänge des Ordens vom Goldenen Vlies.

1552 ist ein weiterer illustrer Gast zu begrüßen: Kaiser Karl, der sich auf der Flucht vor protestantischen Truppen im Schloß verschanzt.

Die Burg wird um 1900 ein weiteres Mal umgebaut und restauriert, sie ist heute noch im Besitz des Bischofs von Brixen.

Kunsthistorische Notizen: Wirkungsvoll erhebt sich die ausgedehnte, gut erhaltene Anlage auf der felsigen Anhöhe über der Stadt. Innerhalb der Burgmauern befindet sich ein hübscher, kleiner Hof mit Dekorationsmalerei aus der Zeit um 1600. Das Innere, das nicht besichtigt werden kann, ist nicht unbedingt sehenswert – bis auf eine rosettengeschmückte, aber übermalene Kassettendecke in den Fürstzimmern.

Was ebenfalls einen Besuch lohnt: Der Ausflug zur Burg Bruneck kann mit einer Wanderung zur Lamprechtsburg verbunden werden, die sich östlich von Bruneck auf einem Vorsprung über der Rienz erhebt. Im Palas ist eine Gastwirtschaft untergebracht, die auch über einen schönen, schattigen Schankgarten verfügt. Für die Wande-

Einkehrtip

Gasthof Andreas Hofer
Bruneck
☎ (04 74) 55 14 69
Ruhetag: Samstag.
Öffnungszeiten: im Mai für drei Wochen geschlossen.
Gastronomie: Tiroler und italienische Küche.
Platzangebot: ca. 100 Sitzplätze in Speisesaal und Stube.

rung von Burg Bruneck zur Lamprechtsburg ist etwa eine Stunde einzuplanen.

Wer mit dem Auto unterwegs ist, kann einen Ausflug nach Dietenheim machen und dort das Südtiroler Volkskundemuseum besuchen, das wirklich sehenswert ist.

120

Die Südfassade der Burg Bruneck.

Wer es noch nicht getan hat, besichtigt natürlich auch die Stadt Bruneck selbst, die zahlreiche Sehenswürdigkeiten bietet und einige gute Gasthäuser, wie z. B. das »Lamm«, wo man in einer getäfelten Stube Bilder von Albin Egger-Lienz und Franz von Defregger bewundern kann.

Taufers

Lage: wie ein Riegel am Eingang des Ahrntales nordwestlich von Sand in Taufers.

Erreichbarkeit: 20minütiger Spaziergang von Sand in Taufers zur Burg.

Öffnungszeiten: Besichtigung mit Führung im Sommer 10 bis 12 und 14 bis 16 Uhr; Auskunft: Tourismusverein Sand in Taufers, ☎ (0474) 678076.

Das Besondere: die Größe und Vollständigkeit der Burg, die den Besucher direkt ins Mittelalter hineinversetzt.

Wenn noch Zeit bleibt: unbedingt die Kaskaden der Reinbachfälle besichtigen!

40 Taufers

Kerker und andere Gemächer

Was uns erwartet: Auf einem felsigen Hügel nordwestlich von Sand in Taufers direkt am Eingang ins Ahrntal erhebt sich eine der größten und schönsten Burgen des Landes, Burg Taufers. Die imposante Anlage besteht aus dem hohen Bergfried, dem daran angelehnten Wohnturm, der romanischen Kapelle und dem Palas. Geschützt wird die Hauptburg durch einen mächtigen Vorbau mit Zugbrücke. Insgesamt drei Burgtore muß der Besucher durchschreiten, ehe er sich im Innern der Anlage befindet. Gruseln und Schauder umgibt einem bei der Besichtigung des Gerichtssaals mit der Mittelsäule, dem Felsverlies und der Folterkammer, nicht zu vergessen die »Blutrinne« im Boden. Die Führung weiß auch ein paar anregende Spukgeschichten zu erzählen, so von der weinenden Braut, deren Bräutigam am Hochzeitstag niedergestreckt worden war.

Wieviel freundlicher wirken da die prächtigen Gemächer mit dem wertvollem Mobiliar: allein 24 getäfelte Zimmer, Skulpturen, Waf-

Schloß Taufers aus der Luft.

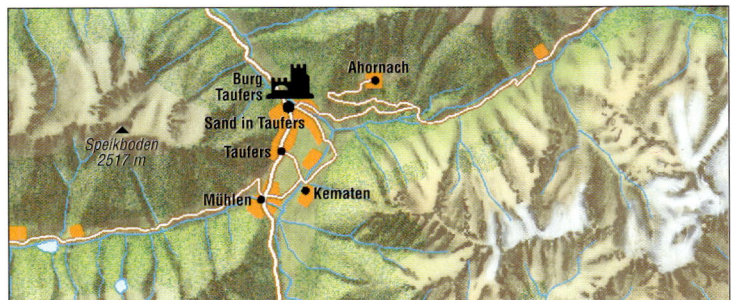

fensammlung, barocke Bibliothek und Gemälde. Aufschlußreich im kulturhistorischen Sinn sind die Portraits von 23 Kindern aus Adelshäusern des ganzen Landes. Diese Galerie zeigt die Zöglinge des 1564 von der verwitweten Burgherrin gegründeten Adelsinstitutes. Keine Kindergesichter im heutigen Sinn allerdings blicken uns an, sondern Erwachsene in Kleinformat.

Die Burg ist in einem kurzen Spaziergang (20 Min.) von Sand in Taufers aus zu erreichen. Der Weg führt vorbei am Renaissance-Ansitz Neumelans und bietet einen herrlichen Ausblick auf die Gletscher des Zillertaler Hauptkammes.

Aus der Geschichte: Die Burg wird im 13. Jahrhundert erbaut, der gotische Trakt entsteht um 1500. Es sind dies die Wohnbereiche auf der Sonnenseite, die Türme, das Vortor und die zwei Zugbrücken. Der alte Palas wird zum Kornspeicher umfunktioniert, nur noch das dreiteilige, vermauerte Bogenfenster weist auf die frühere Bestimmung hin.

Taufers ist ein Sitz der Herren von Taufers, die 1136 erstmals erwähnt werden. In ihrer strategisch sehr günstigen Position am Ausgang des Ahrntals beherrschen sie den gesamten Durchzugsverkehr, der den Burghügel passieren muß.

1315 wird die Burg an die Grafen von Görz-Tirol verkauft und erhält in der Folgezeit den Gerichtssitz. Von 1685 bis 1862 ist Taufers im Besitz der Grafen Ferrari, 1903 wird die halbverfallene Burg durch Ludwig von Lobmayer umfassend restauriert. Seit 1977 ist sie im Besitz des Südtiroler Burgeninstitutes.

Kunsthistorische Notizen: Der Umbau von 1500 verleiht der Burg einen stark wehrhaften Charakter: Verschieden geformte Schießscharten und Pechnasen zeigen sich in den Gemäuern. Malerisch wirkt das Brunnenhaus im Burghof mit der aus dem Felsen gehauenen Zisterne. In der Kapelle finden sich ein romanisches Kruzifix aus dem frühen 13. Jahrhundert und ein Freskenzyklus aus der

123

Einkehrtip

Spanglerhof
Sand in Taufers
☎ (04 74) 67 81 44
Ruhetag: Mittwoch.
Öffnungszeiten: ganzjährig ge-
öffnet.
Gastronomie: verfeinerte
Regionalküche.
Platzangebot: ca. 150 Sitz-
plätze; Terrasse.

Pacherschule. Im übrigen sind sowohl Mobiliar wie auch die verschiedenen Kunstschätze in den Wohnräumen von Interesse und
Bedeutung.

Was ebenfalls einen Besuch lohnt: Eine einstündige Wanderung führt
von dem östlich von Sand in Taufers gelegenen Bad Winkel – hier
kann übrigens die Badlkapelle besichtigt werden – auf Weg Nr. 12
zu den berühmten Wasserfällen des Reinbachs (nicht immer unbe-

Die mächtige Anlage, von Südosten gesehen.

schwerlich, aber unbedingt lohnend!), zum Gasthof »Toblhof« und auf dem Franziskusweg zur Ruine Kofel. Die Mauerreste, die aus dem 12. Jahrhundert stammen dürften, lassen noch den Grundriß eines Turmes, den Pfeiler einer Zugbrücke und einer Ringmauer erkennen.

Der Rückweg kann auch über die Reintalstraße, die direkt nach Sand in Taufers führt, gewählt werden.

125

Welsperg

Lage: über dem Gsieser Bach auf einem abschüssigen Hügel, umgeben von dunklen Wäldern.
Erreichbarkeit: von der Ortschaft Welsberg aus bequem in ½ Std.
Öffnungszeiten: keine Besichtigung.
Das Besondere: der ungewöhnlich hohe, quadratische Bergfried.
Wenn noch Zeit bleibt: weiterwandern nach Taisten und unterwegs im Gasthof »Brücke« einkehren.

41 Welsperg

Ihre Majestäten gratulieren

Schloß Welsperg; im Hintergrund der Dürrenstein.

Was uns erwartet: Mitten im Wald auf einem Hügel über dem Gsieser Bach liegt, einem Märchenschloß ähnlich, die Burganlage Welsperg. Steil fällt der Hügel auf drei Seiten gegen den Bach zu ab, ein tiefer Halsgraben an der Bergseite, einst mit Zugbrücke versehen, erschwert den Zutritt. Auffallendes Merkmal der Burg ist der mit seinen 40 Metern ungewöhnlich hohe Bergfried, der vom Palas umschlossen wird. Zur Anlage gehört natürlich auch eine Kapelle. Welsperg ist in Privatbesitz und kann nicht besichtigt werden.

Der Name der Burg Welsperg geht auf die Ortschaft Celle oder später Zelle über, so nennt sich die Gemeinde seit 1806 Welsberg.

Aus der Geschichte: Welsperg wird Mitte des 12. Jahrhunderts von brixnerischen Ministerialen erbaut, aber schon 1210 von tirolischen Ministerialen verwaltet. Die Burg ist also Sitz der ältesten Herren von Welsperg, denen im 13. Jahrhundert die jüngeren Herren und späteren Grafen von Welsperg folgen. Im 13. und 14. Jahrhundert wird Welsperg urkundlich öfters erwähnt. Die Welsperger häufen reichlich Besitz an, ihre Güter erstrecken sich von Welschtirol über Görz und Kärnten, außerdem investieren sie in den Bergbau. Die Bedeutung der Welsperger wird deutlich, als 1591 zur Hochzeit Sigmunds IV. von Welsperg Kaiser Rudolf II. und der König von Spanien, Philipp II., persönliche Glückwunschboten schikken. Zu erwähnen ist auch, daß zur Hochzeit 3600 Gäste geladen waren und die Feierlichkeiten sich über acht Tage erstreckten

1765 wütet ein Großbrand in den Gemäuern, die nur mehr notdürftig wiederhergestellt werden. Eine Restaurierung erfolgt erst in der Gegenwart.

1912 sterben die Welsperger aus, Erbe ist die Familie von Hausen, die nun das Prädikat Welsperg als zweiten Namen führt.

Kunsthistorische Notizen: Ungewöhnlich ist der quadratische, überaus hohe, aus dicken Mauern bestehende Bergfried. Er war ursprünglich nicht bewohnt, doch existierte ein Wehrgang, der vermutlich den Flammen zum Opfer fiel.

Was ebenfalls einen Besuch lohnt: Der Ausflug nach Welsperg kann mit dem Besuch der Burgruine Thurn in einer schönen Rundwanderung verbunden werden. Von der Ortschaft Welsberg aus Richtung Norden mit der Markierung 41 bis in Schloßnähe, dann bei der Weggabelung auf dem Weg Nr. 41A durch den Wald entlang des Gsieser Baches bis zur Brücke. Diese überqueren und beim Gasthof »Brücke« auf die Abzweigung nach Wiesen und westwärts nach Taisten, wo die Mauerreste der aus dem 13. Jahrhundert stammenden Burg Thurn zu finden sind. Der Rückweg führt über Weg Nr. 35.

Einkehrtip

Gasthaus Mudlerhof
Rasen
☎ (0474) 95 00 36
Ruhetag: Dienstag.
Öffnungszeiten: von Pfingsten bis Anfang November und von Weihnachten bis Ostern geöffnet.
Gastronomie: hausgemachter Käse und Hausmannskost.
Platzangebot: zwei Stuben für insgesamt ca. 100 Personen.

Register

Die Angaben beziehen sich auf die Seiten des Führers, die Namen der Burgen sind *kursiv* gesetzt.